U0154227

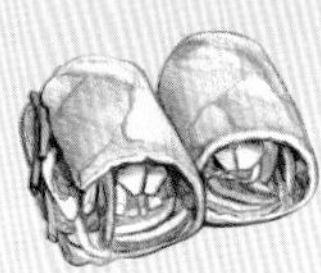
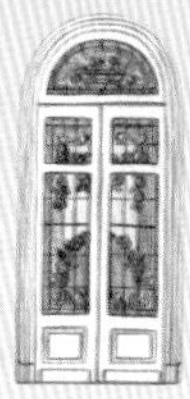

越南旅繪手帖

深入走訪5大城市，體驗美食×建築×生活

Rose 邱湘涵・著

作者序

第一次動筆
畫下旅程中的美食

我從小就非常喜歡畫圖，常常樂於在自己的小世界裡安靜地塗鴉。雖然一直都熱愛畫畫，但小時候總不敢和身邊的親友提起我想以畫圖為業，大學念的也是和畫畫毫無相關的英文系。

在大四那年，我申請到一直很渴望的歐洲交換學生計畫，如願到荷蘭姊妹校萊登大學度過了半年時光。歐洲優美的自然風光、古老建築和異國美食讓這段生活充滿了驚豔和感動，於是我決定拾起小時候最喜歡的畫筆來記錄豐富的異國生活。

當時我只從台灣帶了一盒小小的普通色鉛筆，然而它們卻陪伴我記錄下最美的回憶。外國朋友舉辦的家鄉美食派對、市集裡焦香酥脆的荷蘭煎餅和第一次到比利時當背包客卻迷路整天的驚險歷程，全都被我用畫筆記錄在筆記本中。

除了繪畫時帶給自己好多療癒感，我的插畫日記也開始被荷蘭的朋友傳閱，每次有朋友問：「Rose，我可以借妳的插畫日記來看嗎～最近有沒有畫新的美食？」我就覺得好有動力繼續把我體驗到的一切記錄下來。

成為社會人士後，忙碌的生活讓我漸漸淡忘用繪畫記錄生活的興趣。直到Instagram開始興起，有一天我突然想到：我是不是可以使用這個平台，和更多朋友分享我的食旅插畫日記？於是，就此展開我的插畫粉專經營之旅。

漸漸有朋友來Instagram留言給我，許願下次想看我畫哪些美食和建築；我發現原來這樣的插畫紀錄也可以帶給其他人療癒感，甚至讓他們也開始想要動筆畫下生活中可愛的事物，對我來說真的是一件非常幸福的事。

2019年，我隨著先生公司的外派工作，一起搬到越南胡志明市生活，也因此收到了東販的出書邀約。非常感謝這樣的機緣，讓我可以將異國生活與見聞化成插畫，分享給更多朋友。

我在越南不但品嚐到了令人難忘的料理、遊賞了優美的建築、開始學習越南文，也結交到了許多珍貴的朋友；現在甚至回台灣暫住幾個月，就會忍不住開始想念越南的種種。

雖然在寫這本書期間遇到了前所未有的疫情，許多喜愛的店家也因此走入歷史，但今日的越南已恢復以往的活力。很開心終於可以把越南之美分享給大家，邀請你跟著我的插畫和文字，一起探索這個美麗的國家！

Contents

一 美食 FOOD in 越南

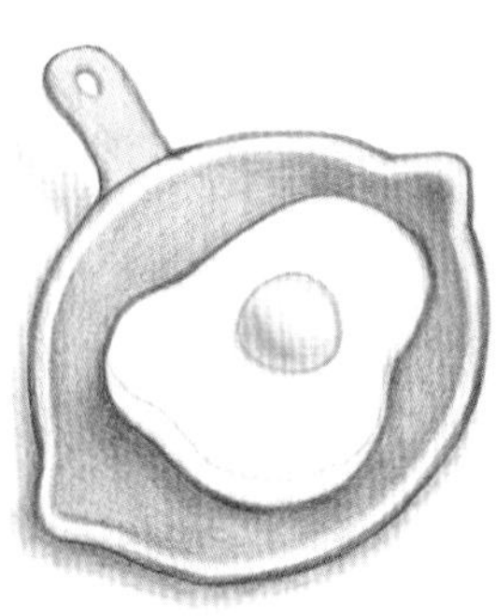

二
建築 BUILDING
in 越南

三
生活 LIVE
in 越南

四 體驗 LEARN in 越南

附錄 EXCURSUS

※ 本書所刊載之情報乃 2022 年 12 月之資料。
部分內容可能有所變更，安排行程前請事先確認清楚。
※ 越南的貨幣單位為越南盾（VND），1NT$ ≒ VND769.49（2022 年 12 月）

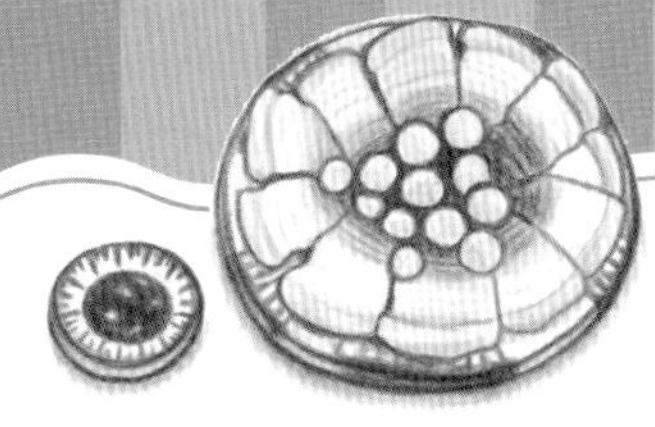

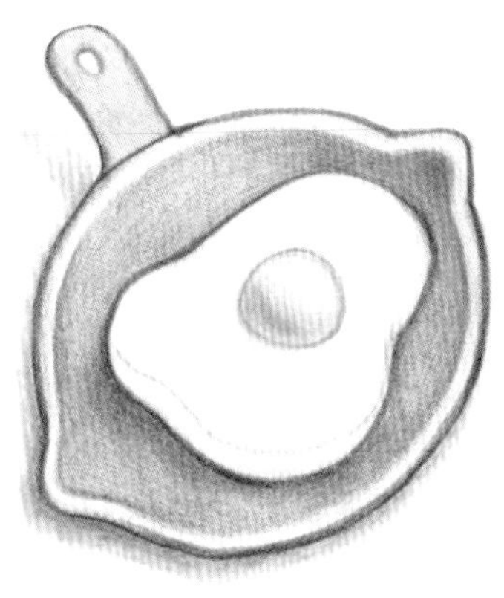

一 —— 美食 FOOD in 越南

道地美味

隱藏在老舊公寓頂樓的露天餐廳

爬上老公寓頂樓，別有洞天的露天餐廳
是越南旅行最驚喜的行程之一

初抵越南時，當地的越南朋友就告訴我們，許多私房景點都隱藏在老公寓裡。這間主打越南家常菜的Secret Garden神祕系露天餐廳，就是越南朋友首推的口袋名單！

照著Google地圖來到標示的餐廳地址，隱密的小巷與老舊公寓的大門看起來毫不起眼，門口遍布捲曲雜亂的電線，讓人完全看不出這棟樓房裡有間餐廳。甚至在緩緩爬上充滿歲月痕跡的樓梯時，還可以看到居民的家門口堆放的雜物與曬衣架，讓人不停懷疑自己是不是誤闖了民宅？

沒有招牌根本看不出頂樓有間充滿異國風情的餐廳

讓初訪客卻步、布滿斑駁塗鴉和廣告貼紙的樓梯間

　　沒想到抵達公寓頂樓後，映入眼簾的是五彩繽紛的越式燈籠與古樸的木桌椅，浪漫的掛燈串有如星空般布滿頭頂，藤蔓植物在夜晚的涼風中輕柔搖曳，空氣中瀰漫著越式料理特有的香料味，這番別有洞天的景象與氛圍讓初訪的我們大感驚奇，果然如其店名，是一間隱藏在都市叢林中的祕密花園！

一抵達頂樓
就能看到的彩色燈籠是打卡熱點

本來有些擔心會不知道怎麼點菜，但翻開厚厚的菜單本，發現原來每道菜都貼心地附上照片、編號和英文菜名，可以直接指圖片點菜，非常方便。大部分的菜色價格落在台幣150～400元之間，分量很適合和三五好友一起分食。

越南家常菜其實非常符合台灣人的口味，常使用魚露、醬油、米飯、新鮮香草、水果和生鮮蔬菜來料理，吃起來溫和清爽，讓人胃口大開！推薦大家試試炸春捲（chả giò）、香茅烤豬肉（nem sả nướng）、蓮藕肉餅（củ sen kẹp thịt）、牛肉炒龍豆（bò xào đậu rồng）和大蒜炒飯（cơm chiên tỏi），這幾道菜都使用了越南特有的食材與料理方式，搭配上各種特殊的醬料，不只帶來豐富的嗅覺與味覺饗宴，外觀也都十分賞心悅目。

滋味特別的牛肉炒龍豆，
龍豆口感滑脆清爽，是越南常見的蔬菜

香氣十足的蓮藕肉餅，
越南人很喜歡用蓮藕或蓮子入菜

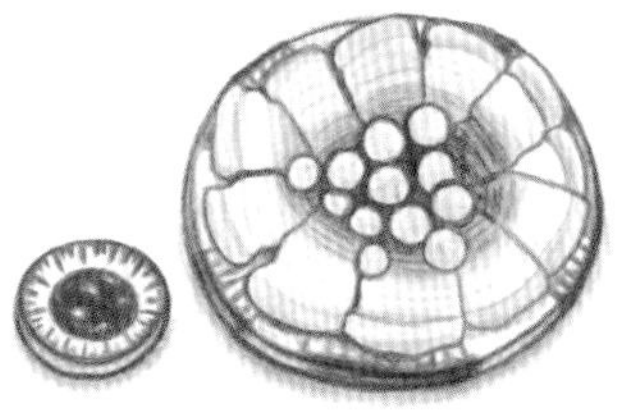

香茅烤豬肉
也是店裡的
熱門招牌菜之一

難忘的水煮肉配蝦醬，
中間圓形配菜是醃漬過的小茄子

越南最有名的啤酒品牌
333和Saigon Special

我們初次帶台灣朋友造訪時，發生了一件小趣事。朋友點了一道外觀看起來像是蒜泥白肉的料理。當料理上桌後，大家豪邁地將肉片裹滿醬料塞進嘴裡，然後看著對方的表情漸漸轉為困惑，接著變成絕望與糾結……最後我們忍不住指著對方的表情捧腹大笑。仔細翻閱菜單後，才發現原來我們無意中挑戰了有「越南最特殊醬料」之稱的「越式蝦醬」，經過發酵處理的蝦醬有著濃到化不開的氣味，外國觀光客通常聞之色變，但它是越南人的餐桌上最常出現的醬料之一，是道有如臭豆腐般的神奇當地小吃！

當時點的這道料理名稱是「水煮肉配醃漬茄子與蝦醬（thịt luộc cà pháo mắm tôm）」。如果你是喜歡嘗試新奇料理的人，那麼在菜單上看到「mắm tôm（蝦醬）」時，誠摯推薦你挑戰看看！在越南長居4年後，我已經漸漸習慣蝦醬的特殊味道，甚至有時候還會特地到餐廳點「蝦醬豆腐米線（Bún đậu mắm tôm）」來吃，果然是會讓人愈吃愈上癮的醬料呢。

另外，如果喜歡小酌，那一定要再來上幾罐越南啤酒！在Secret Garden可以喝到南越最有名的Saigon Special，和同一間公司釀造的333啤酒（越南文唸做ba ba ba）。Saigon Special的麥芽味較為濃郁，泡沫也比較厚重，333則是較為清爽的路線，但兩者都非常溫和順口，和香料味十足的越南菜可說是絕配。

Secret Garden在白天和晚上有不同的風情，由於越南的白天非常酷熱，推薦大家在晚上來訪。吹著夜晚的徐徐涼風、欣賞飄動的彩色布幔和浪漫燈飾，與旅伴共同享受美味的異國料理和冰涼的啤酒，是畢生難忘的體驗。

由於Secret Garden近年漸漸成為國際觀光客的愛店，如有計畫來這邊用餐，一定要事先訂位。如果沒有當地手機，建議可以在3～4天前用英文私訊餐廳粉絲專頁，先告知預計用餐的時間與人數，這樣就不用擔心當天會客滿。

此外，Secret Garden的分店Secret Garden 131 Calmette也在2019年開幕，但分店並不是位於公寓頂樓，整體氛圍比較像是充滿綠意的自然風渡假別墅，空間也更為通風寬敞。推薦初訪越南的朋友尋訪這2間充滿越式風情的餐廳，享受滿滿的異國氛圍！

餐廳華麗的燈籠和布幔，
充滿異國情調

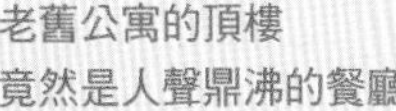

老舊公寓的頂樓
竟然是人聲鼎沸的餐廳

吹著晚風，享受美味的異國料理和
冰涼的啤酒，肯定畢生難忘

INFORMATION

Secret Garden Restaurant

158 Pasteur, Bến Nghé, Quận 1,
Thành phố Hồ Chí Minh

11:00～22:00，公休日可注意粉絲專頁公告

地址

FB

道地美味

燈光美氣氛佳的獨棟別墅餐廳

漂亮的歐式洋房外觀

胡志明市有許多浪漫的獨棟餐廳，其中位於第3郡的Café Central Villa Pasteur是我非常喜歡的別墅餐廳之一。Café Central在第1郡的阮惠步行街（Nguyễn Huệ）也設有分店，不過因地處鬧區，通常人潮較多，所以我更偏好第3郡位於住宅區附近的這間店。

Café Central Villa Pasteur偌大幽靜的庭院與別墅、華美的燈光和裝潢，讓人能夠全然放鬆，盡情體驗異國料理與度假的美好氛圍。店內主打越式料理與西式料理，不但擺盤用心，料理的選項也十分豐富。雖然許多菜色在其他越南餐廳與小吃店也屬常見，但這間餐廳特別強調精美的擺盤與舒適寬敞的環境，讓遠道而來的遊客可以在這裡盡情與親友聊天歡笑、合照留影，並享受充滿濃濃越式風情的料理。

主食部分，像是微辣的順化牛肉粉（bún bò Huế）、充滿藥膳香氣的鴨腿麵（mì vịt tiềm）、金邊粿條（hủ tiếu Nam Vang）和香濃的鮮蝦豬肉米線（bún suông）等麵食都十分推薦，如果比較喜歡西式料理，也有各式義大利麵可以選擇。

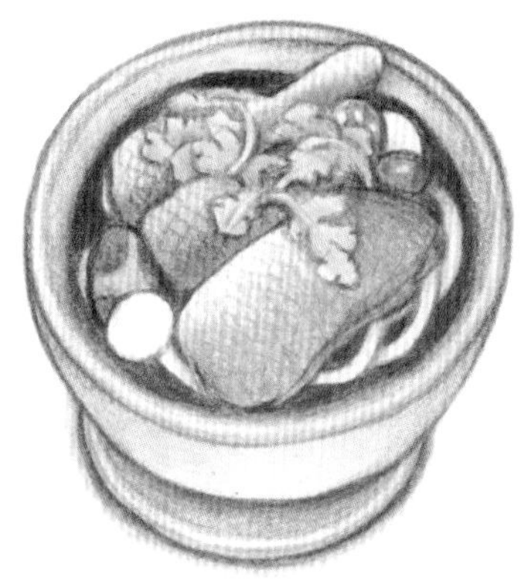

帶有濃濃藥膳香氣的烤鴨麵，
是越南道地料理之一

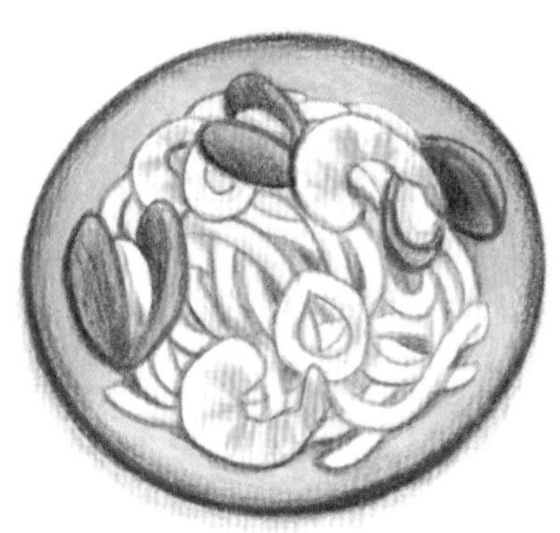

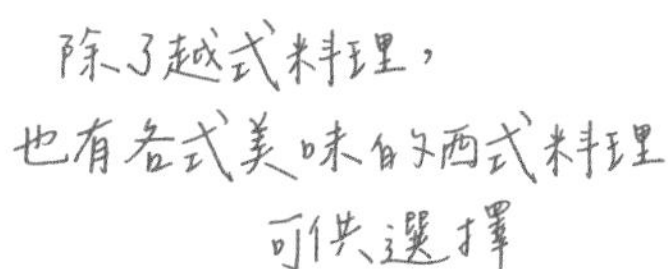

外表和香氣都很特別的炒天理花
（thiên lý），是餐廳不定期
會推出的時蔬料理（季節限定）

在Café Central Villa也可以享用到越南知名料理生春捲（gỏi cuốn）與炸春捲（chả giò）。生春捲內包入鮮蝦、生菜、青蔥、米粉等餡料，沾滿濃醇的花生醬料一起入口，清爽開胃。金黃酥脆的炸春捲以前曾是皇室貴族才能享用的豪華料理，又因料理方式繁複，只有特殊節慶才能吃得到。現在，炸春捲已經成為每間越式餐廳都能見到的料理。夾入豬肉、海鮮和各式香料的熱騰騰炸春捲，上桌後可用生菜包裹，再沾滿微微酸辣的魚露醬料一起入口，外酥內嫩的滋味讓人一試難忘。

用餐後，如果再來杯冰涼的越式咖啡或甜點就更完美了！很推薦外觀華麗、口感香甜的椰子水果冰淇淋（kem trái dừa）或是淋上黑咖啡的越式布丁（bánh flan）。後者是一道受到法國殖民時期影響的甜點，口感類似焦糖布丁，苦甜的滋味融合得恰到好處。

餐廳也會不定期推出季節限定的「下午茶套餐（trà chiều）」，讓饕客可以一次享用到春捲、串烤、西式甜點等料理，很適合和三五好友一起分食。不過要特別提醒，下午茶是不定期推出的限定套餐，建議可以先上餐廳粉專查詢或私訊詢問粉專小編目前是否有推出喔。

越式麵類主食不但美味，
擺盤亦非常賞心悅目

隨著不同季節與主題，餐廳常常推出
新口味的飲品與甜點讓饕客嘗鮮

適合三五好友一起享用的
下午茶套餐（季節限定）

歐式洋房外觀和充滿綠意的庭園，
白天和夜晚有不同的氛圍

餐廳內部掛滿優美的畫作
並設有多面落地玻璃窗，
充滿雅緻的情調

到了夜晚，庭園的暖黃燈串亮起，點點燈光將餐廳妝點得更優雅動人。無論是坐在露天雅座或如藝廊般雅緻的室內座位，都讓人感到悠閒愜意。

Café Central Villa在2019年剛開幕時曾和Luke Nguyễn（阮盧克）主廚聯名合作一系列越式料理，當時許多人因此慕名到訪而認識了這家餐廳。Luke Nguyễn是澳洲知名越南裔主廚兼節目主持人、美食作家，曾擔任旅遊生活頻道《吃遍湄公河》主持人，雖說目前Luke Nguyễn已經結束和Café Central的聯名合作，不過他在胡志明市也有開設自己的餐廳Vietnam House Restaurant；如果喜歡這位主持人，也很推薦可以到Vietnam House Restaurant用餐，說不定有機會遇到Luke大廚本人！

Vietnam House Restaurant以新穎的方式呈現越南傳統菜餚，可品嚐到河粉、春捲、蔗蝦和糯米飯等越式經典料理，同時融入主廚個人的料理風格與西方食材，如松露、肥肝和伊比利豬等等，每道菜色都充滿了獨特的創意。

和胡志明市市區其他越式餐廳相比，Café Central Villa Pasteur和Vietnam House Restaurant的料理都相對比較高價，每道菜大約是台幣200～500元。不過由於環境清幽寬敞，很適合帶著長輩或小孩一起悠閒地享用餐點。如果攜家帶眷來越南旅遊，或是想和另一半享受浪漫的氛圍，都非常推薦來這2間餐廳享受美好的用餐體驗！

INFORMATION

Café Central Villa Pasteur

202 Pasteur, Phường 6, Quận 3, Thành phố Hồ Chí Minh

07:00～22:00，公休日可注意粉絲專頁公告

★ 2022年10月底暫時歇業

地址

FB

道 地 美 味

親和力十足的胖媽廚房

店裡的結帳區是一輛嘟嘟車，
造型非常可愛復古

轉眼間已經搬來越南好幾年，每次有親友從台灣來訪，我們都希望可以用道地又符合台灣親友口味的越式料理來熱烈迎接。本篇推薦的是Google評論和旅遊社團中都有非常優秀評價的Bếp Mẹ ỉn，是間只要來訪過，都會對胡志明市留下美好印象的親切小餐館。

走入濱城市場附近不顯眼的小巷，Bếp Mẹ ỉn就位於知名平價法式料理餐館Cocotte旁，忙進忙出的店員穿著有朝氣的橘色和黃色制服，漆成鮮黃色的店家外觀非常顯眼。我們常常在傍晚5～6點到達時，就已擠滿了排隊用餐的人潮。建議大家如果有計畫要來這裡用

充滿親切感、戴著斗笠的越南媽媽Logo，
在店裡隨處可見

餐，可以先用Facebook私訊小編訂位（可以先詢問是否能預留2樓沙發區的位置，座位較為寬敞舒適），可以省去許多排隊時間，並享受更好的用餐品質。

每當進到Bếp Mẹ ỉn餐館中，都會被撲面而來的陣陣熱炒香氣與越式香料味熱情歡迎，鮮黃牆面上彩繪著身穿奧黛的越南姑娘，還有街邊挑著扁擔販賣小吃、戴著斗笠的小販，可以感受到店家非常用心地營造濃濃的越式風情。

這間餐廳的中文譯名叫做「胖媽廚房」，除了Logo是一個可愛越南大廚媽媽的形象，牆壁上也掛滿綻放著燦爛笑顏的越南婦女照片，搭配繽紛的花磚和溫暖的拼布沙發，讓人一進門就感覺十分親切溫暖。

Bếp Mẹ ỉn最受歡迎的招牌料理之一是椰子炒飯（cơm chiên trái dứa），裝在整顆椰殼裡的炒飯不但造型可愛且椰香撲鼻，佐以清甜的紅蘿蔔、木耳、青蔥等豐富配料，是道老少咸宜的料理，好幾次親友品嚐完都覺得意猶未盡，儘管還有好多道越式料理還來不及嘗試，仍然忍不住加點幾份椰子炒飯外帶回旅館，當作宵夜慢慢享用。

另一道必嚐的招牌菜色是越式煎餅（bánh xèo），店員將熱呼呼的煎餅端上桌後，會提醒大家可以先拍照，再貼心地將煎餅現切成塊狀方便我們享用。切塊時金黃色餅皮酥脆的咖滋聲，總讓我們肚子咕嚕作響。越式煎餅是南越常見的料理，bánh在越南文中是「餅、麵包等麵粉製品」的意思，xèo則是煎餅時所發出的滋滋聲，把這道美食形容地非常傳神貼切。

越式煎餅的經典作法是在餅皮中拌入香濃的椰漿和薑黃粉，並夾入大量豆芽菜、豬肉、鮮蝦、生菜等餡料。親切的店員教我們可以用爽脆的生菜包著一塊

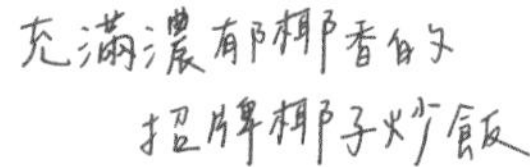

外皮酥脆、
內餡豐富飽滿的越式煎餅

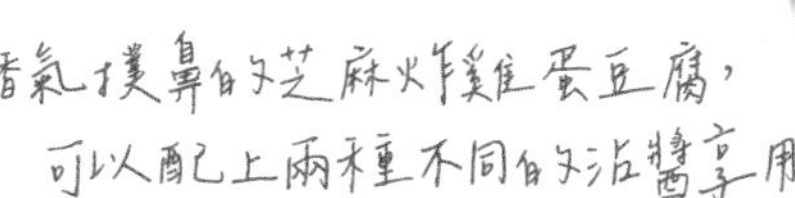

切好的煎餅，再沾點魚露一口咬下，享受清爽蔬菜搭配香脆煎餅與多汁餡料的豐富口感。

如果是喜歡吃素食的朋友，店裡除了夾入蝦肉與豬肉的煎餅（bánh xèo tôm thịt）之外，也有以蔬菜餡為主的素煎餅（bánh xèo chay），提供饕客們更多選擇。

店裡每道料理都非常有特色，除了前面介紹的最多人點的兩道招牌料理外，我們也很喜歡撒滿了金黃蒜酥的大蒜炒空心菜（rau muống xào tỏi）、充滿炭香的串烤牛肉米線（bò lụi）、芝麻炸雞蛋豆腐（đậu hũ chiên mè đen）、包入魚肉餡料清蒸的南瓜花（chả cá basa hấp bông bí）和以竹筒盛盤的酥炸豬柳條（thịt heo chiên mè ống tre），也很推薦大家嘗試餐廳搭配好的拼盤（mẹt）系列，只要點一份拼盤就可以品嚐5～6種經典越南料理，非常適合和三五好友一起分食享用。

充滿炭香的串烤牛肉，
很適合搭配入口即化的
細狀米線享用

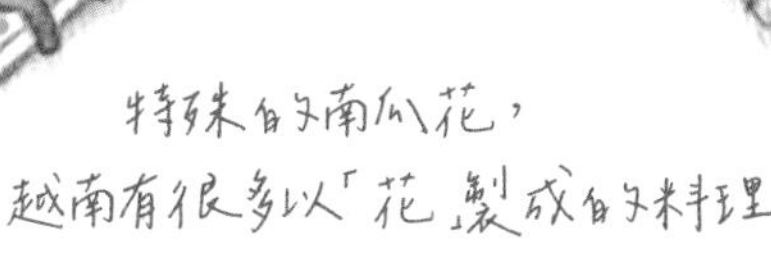

壁畫生動描繪
挑著扁擔的街邊小販

踏入小巷後，可以看到
總是擠滿人潮的店門口

除了菜色口味讓人心滿意足外，價位也非常合理，平均每人台幣200～300元就可以吃得非常飽足，又可以享受到豐富多元的當地口味。飽餐一頓後，還可以到販賣區選購瓶裝椰子油、辣椒醬或魚露等伴手禮，把越南的味道和美好記憶打包帶回家。

在結帳時，我發現收銀台是由一輛可愛的藍色三輪復古車所改裝而成，由Bếp Mẹ ỉn粉專的介紹可知它原來是輛古老的「嘟嘟車」（越南人稱之為xe lam或tuk tuk）。1960年代時，嘟嘟車在越南是隨

2 樓充滿
居家風格的用餐區

處可見的計程車，一直到2004年後才因法令關係逐漸消失在街頭；熱愛懷舊風情的店家因此特地將嘟嘟車放在顯眼位置當作布置，很佩服他們透過這些小細節，讓大家能體驗到老西貢的往日情懷。

如果你喜歡溫馨且帶有親切感的小餐館、懷舊情懷和帶有媽媽味道的家常料理，相信也會非常享受Bếp Mẹ ỉn帶給你的暖心用餐體驗。

INFORMATION

Bếp Mẹ ỉn（胖媽廚房）

136/9 Lê Thánh Tôn, Phường Bến Thành, Quận 1, Hồ Chí Minh 700000

10:30～22:30，公休日可注意粉絲專頁公告

地址

FB

道地美味

巷弄中的老字號順化菜

旅居在胡志明市最令我感到幸福的事之一，就是隨時可以吃到源自全越南的菜餚，除了隨處可見的南越料理外，來自中越與北越的美食也各有其獨特之處。不同於印象中常見的越式河粉、法國麵包與春捲等等，獨樹一格的「順化料理」也漸漸在我心目中占了一席之地。

位於中越的「順化市」是古代阮氏王朝所在的位置，當時的皇廚特意為宮廷設計了許多精緻的菜色，這些皇家美食也漸漸影響庶民美食，所以順化料理特別講求色香味俱全的完整感官體驗。

位在濱城市場後方的小巷內的Quán Nam Giao就是一間專賣順化料理的餐廳，這裡主要提供順化的鄉土美食，小小的店面飾以木質裝潢、小巧的植栽和古樸的桌椅，營造順化古都特有的典雅氛圍。不過，因店內沒有冷氣，比較推薦大家在晚上造訪，被暈黃燈光妝點的餐館更添浪漫氛圍。

第一道讓我一試成主顧的是「順化牛肉粉（bún bò huế）」。這道菜被認為是順化古都美食的靈魂，使用豬大骨和牛肉熬製的湯頭鮮甜濃郁，帶有微微酸辣味，讓嗜辣的我精神為之一振。順化牛肉粉使用的是比河粉粗的米麵（bún），口感Q彈滑嫩，配上店家特製的肉丸、豬腳與香蕉花等各式生菜，讓料理的口味更加充滿層次感。

如果旅程中不小心吃了太多碗生牛肉河粉，推薦來碗順化牛肉粉換換口味，體驗中越特有的風情。

口味偏酸辣的順化牛肉粉，
獨特滋味非常適合嗜辣的朋友

蜆飯搭配蜆湯享用，
濃郁海鮮香氣讓人陶醉

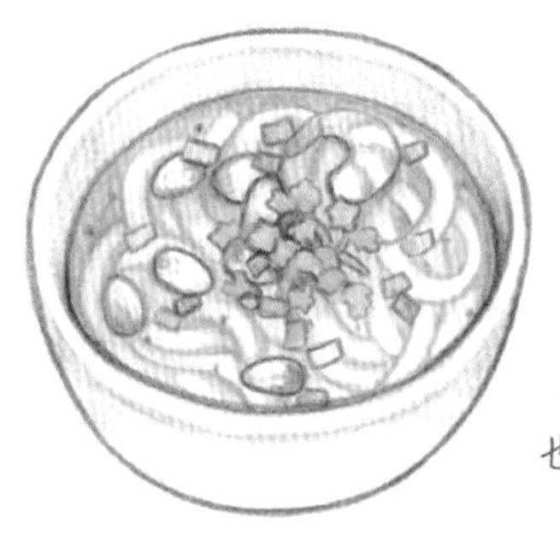

濃郁的蟹肉海鮮羹湯，
也是人氣很高的道地小吃

另一道我非常喜歡的順化鄉土美食則是「蜆飯（cơm hến）」，通常會搭配一小碗清澈的蜆湯一起上桌。店員還特地介紹道地的中越吃法——吃一口飯，再搭配一口充滿海鮮香氣的蜆湯一併享用（也有的餐廳會推薦直接將蜆湯拌入飯中，讓飯粒吸附湯汁）。

順化特有的蜆肉是小巧的顆粒狀，加上切成細條的生菜、花生粒、炸豬皮等食材，頂端淋上一小匙順化蝦醬，充分拌勻後即可大口享用。順化蝦醬和Secret Garden Restaurant的蝦醬味道不太一樣，發酵的味道沒有這麼濃重，反而有提味的效果，讓整道料理充滿濃郁的海鮮滋味。

蟹肉海鮮米線（bánh canh cua）也是店裡非常受歡迎的菜色，質地濃郁的橙紅色螃蟹羹湯內含有蟹肉、蝦子和豬肉片，許多店家還會加入鵪鶉蛋。麵條比順化牛肉粉的米麵更有嚼勁，吃起來類似米苔目的口感，是許多喜愛螃蟹料理的朋友也會愛上的一道經典越南小吃。

如果想嘗試較接近宮廷菜的料理，推薦可以試試蓮葉飯（cơm sen），這道料理就是從順化宮廷漸漸傳入民間。原來的經典版本是將放滿蝦米、胡蘿蔔與鬆軟蓮子的什錦飯以蓮葉包裹後一起蒸熟；而Quán Nam Giao則是將蒸飯改成炒飯，雖然烹飪方法不同，還是可以品嚐到蓮葉特有的典雅清香。

此外，順化也以各式豐富的「餅、粿類（bánh）」聞名。例如，將以碟子盛裝糯米粉漿製成的粿，鋪上蝦米青蔥並淋上酸甜魚露蘸醬，外觀酷似迷你碗粿的浮萍餅（bánh bèo），以及用香蕉葉包裹之後再蒸熟的碎豬肉蝦粿（bánh nậm）和使用軟嫩河粉皮包裹餡料的粉捲（bánh ướt）都很值得一試。

至於每桌都會擺放、用葉子包裹起來的小點心，是有拆開來吃才要付費的。桌上擺放的有些是以傳統的發酵法製作的酸生豬肉（nem chua），有些則是加入大顆黑胡椒的越式香腸（chả）。因為許多點心都有經過發酵製程或使用較複雜的調味料，如果腸胃比較敏感的人，建議考量身體狀況後斟酌取用。

以蓮葉包裹的炒飯，
充滿蓮子的清香

小巧可愛的浮萍餅，
滋味爽口

用香蕉葉包裹的碎豬肉蝦粿，
口感軟糯，滋味鮮香

雖然在Quán Nam Giao初次品嚐順化料理就非常喜愛，但在親自造訪幾次順化市後，更是為當地的美食感到驚豔不已。如果你也喜歡中越料理，並且有規劃到順化自由行，推薦可以到這幾家小吃店體驗最道地的順化口味：Quán Bún Bò Huế Bà Tuyết（順化牛肉粉專賣店）、Cơm Hến Hoa Đông （蜆飯專賣店）、Bánh Canh Cua Rời Hương（蟹肉海鮮米線專賣店）。

另外，胡志明市第1郡在2022年新開的順化餐廳Chi Rứa Quán | Nhà Hàng Huế也提供十分美味的順化料理，空間布置得可愛舒適，也很推薦到這裡尋覓中越美食！

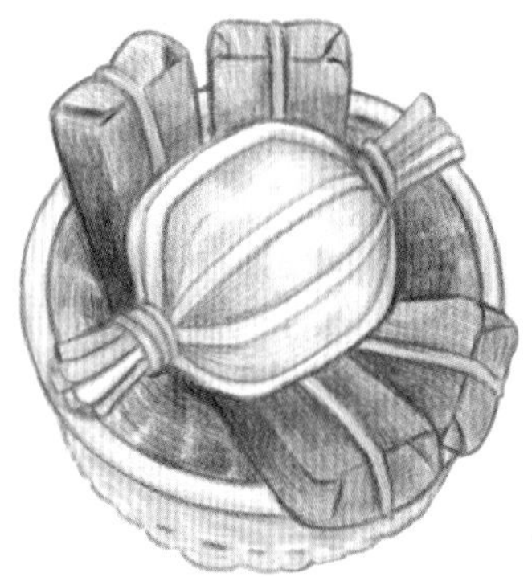

桌上會擺放採用發酵或醃製方法製成的越式香腸和酸肉

使用芥菜取代米皮，包裹米線、豬肉與鮮蝦的生芥菜春捲

INFORMATION

Quán Nam Giao（Nam Giao Restaurant）

136/15 Lê Thánh Tôn, Phường Bến Thành, Quận 1, Ho Chi Minh City Hồ Chí Minh

07:30～22:00，公休日可注意粉絲專頁公告

地址

FB

官網

道地美味

鴉片工廠內的越式饗宴

鴉片工廠外觀，歐式拱門上雕刻了罌粟花的圖樣

胡志明市Hai Bà Trưng路上的74號庭園名聞遐邇，這塊區域是1881年法治時期所建造的鴉片工廠（La Manufacture d'opium），近年來經過翻新與改建，成為了許多精緻餐廳與酒吧的聚集地。無論是餐廳外觀或內部，仍舊保留了許多歷史痕跡與故事。

我們在一個涼爽的夜晚造訪鴉片工廠，進入高聳的歐式拱門後，映入眼簾的是歐式庭園，許多間燈光美、氣氛佳的獨棟別墅式餐廳都坐落在這。我們選擇造訪的是同在越南工作的日本友人極力推薦的Hoa Túc越式餐廳，店內主打豐富的當地料理，使用在地新鮮食材呈現出越式美食精緻新潮的樣貌。

搭配百香果醬的酥炸軟殼蟹
是店內招牌料理

充滿海鮮與豐富蔬菜的
越式酸湯

餐廳的名稱Hoa Túc是鴉片的原料——罌粟花之意，店內的餐墊與菜單等也多以典雅的罌粟花印花圖案妝點，在搖曳的燭光映照下更顯復古優雅。餐廳內的裝潢大量使用酒紅色絨布窗簾、鑄鐵檯燈與歐式吊燈，呈現古色古香的氛圍；戶外用餐區的涼棚架則充滿綠意，茂盛的爬藤植物與燈串垂掛在牆上十分浪漫。如果天氣不太炎熱，推薦預訂戶外區來享用餐點。

這裡的招牌菜綠米炸軟殼蟹（cua lột chiên cốm）是我們最喜歡的料理之一，整隻軟殼蟹包裹著滿滿的越南綠米（cốm，未成熟就拿去烘烤的糯米粒），搭配店家特製的百香果醬汁，酸甜清爽的滋味與酥脆的口感非常開胃而不膩口。

Hoa Túc的越式酸湯（canh chua）也是備受各國饕客們認證的美味。這道是很常見的南越家常菜，通常會以海鮮、番茄、蓮藕莖、鳳梨與酸角等豐富配料熬製而成。而Hoa Túc的越式酸湯中放入了香甜的鮮蝦與秋葵，食材的酸、甜、鮮與微辣的滋味巧妙地融合在一起，讓我們對這道料理留下了深刻的印象。

此外，我們也品嚐了涼拌烤肉米線（bún thịt nướng chả giò），這是無論在街邊小吃攤或正式的餐廳都有機會遇見的經典越式料理。滑嫩Q彈的越式米線上鋪著充滿炭烤香氣的豬肉片、酥炸春捲、蔥花、花生等食材，享用時拌入酸香的魚露醬料，滋味順口又清爽。也難怪它會成為越南朋友推薦我們「到訪越南必嚐」料理之一。

餐廳裡的其他菜色也都非常細膩地呈現了令人沉醉的越式風味，如椰奶製成的頭頓煎蝦餅（bánh khọt）、包滿鮮蝦與豬肉片的生春捲（gỏi cuốn）、椰汁水煮蝦（tôm hấp nước dừa）、鳳梨海鮮炒飯（cơm chiên trái thơm）等色香味俱全的越南料理。

Hoa Túc的甜品維持一貫的精緻路線，無論是果汁或甜品都充滿熱帶風味，多以百香果、芒果、香蕉、椰奶等水果搭配交織出甜而不膩的滋味，更襯托出東南亞料理獨特的香氣與風味。

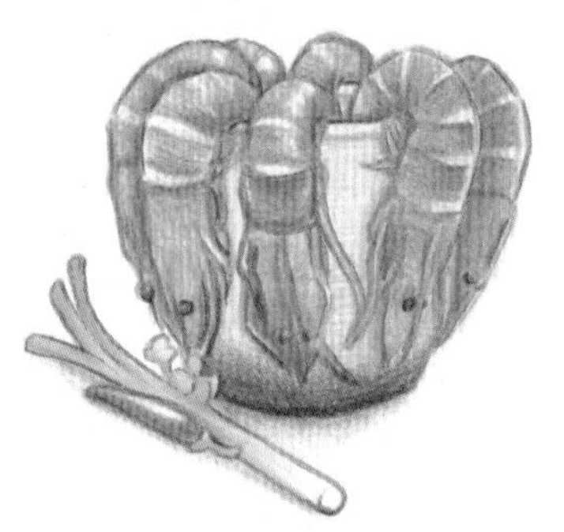

口味獨到的椰汁水煮蝦

清爽的涼拌烤肉米線
是越南最常見的料理之一

由椰奶製成的越式小煎餅

這家餐廳的價位和市區其他餐廳相較之下稍稍昂貴，每道料理大約為台幣200～500元之間，不過料理的精緻程度和用餐氛圍都在水準之上，非常適合與三五好友相約，在此共同享用一頓豐盛的異國饗宴。此外，如果是在平日中午到訪，也可以詢問餐廳是否有提供午間套餐（Set Lunch），就能用更實惠的價格品嚐到餐廳的佳餚。

如果喜歡這裡的料理，店家還有定期開設烹飪教室，讓饕客也能學習如何製作道地的越南料理。從到當地市場採買食材、備料並在餐廳特別設置的教室內學習，餐廳員工全程會以流利的英文解說與教學，讓學員在旅程結束時，也能把美好的越式風味與旅行記憶帶回家。

除了Hoa Túc，鴉片工廠的區域內還有知名法式餐廳The Refinery（餐廳內有更多關於鴉片工廠的歷史介紹）以及日式餐廳Fume（主打海鮮與和牛等精緻料理），環境都十分優美舒適，推薦到胡志明旅行的大家，不妨到鴉片工廠尋覓旅程中的味蕾驚喜。

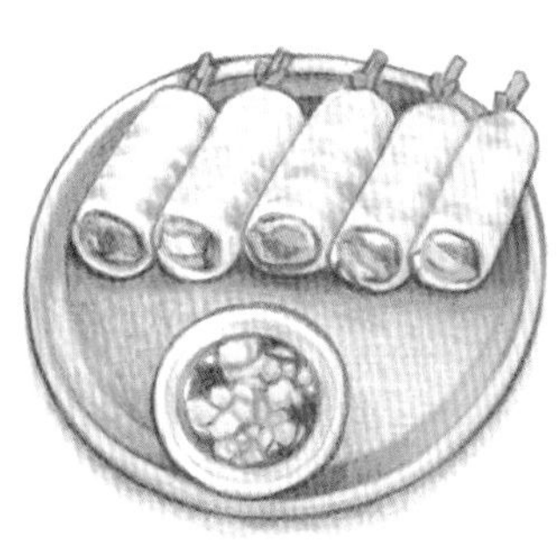

加入繽紛鮮果的
奇亞籽甜點，
十分賞心悅目

色香味俱全的
越式生春捲

Hoa Túc Saigon

74/7 Hai Bà Trưng, Bến Nghé, Quận 1, Thành phố Hồ Chí Minh

11:00～22:30，公休日可注意粉絲專頁公告

地址　FB

在高空咖啡廳
俯瞰絕美景色

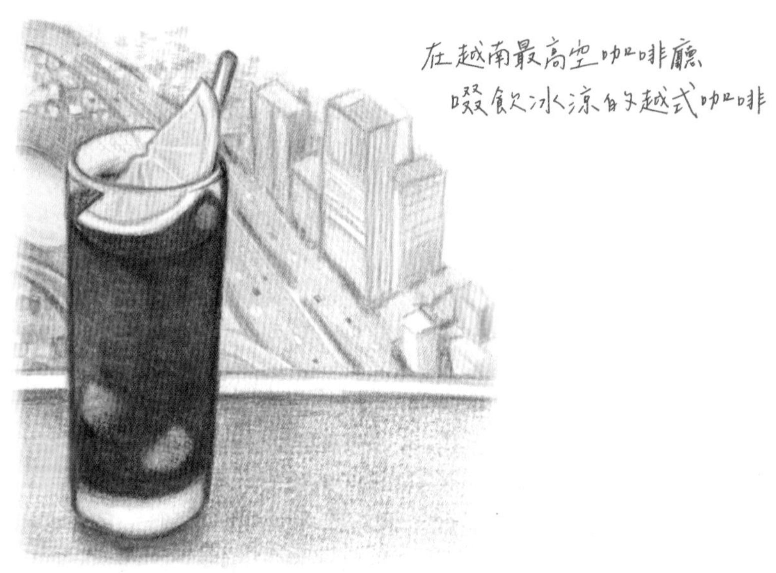

Nest by AiA咖啡廳位於摩天大樓Landmark 81的75樓，華美的開放式露台和能夠360度鳥瞰胡志明市的絕佳景觀，在開幕幾個月內就迅速竄紅，成為越南人最愛的高空咖啡廳之一。有機會來越南，不妨悠閒落坐高空咖啡廳啜飲一杯冰涼的越式咖啡，俯瞰胡志明市區全景吧！

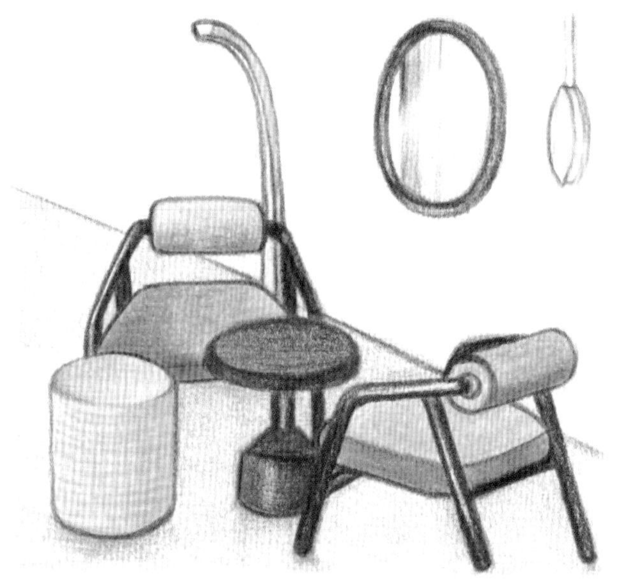

室內的裝潢走簡約優雅風格，
帶給人乾淨舒適的感受

咖啡廳的入口位在Vinpearl Luxury Hotel裡，進門後只要告知服務人員你要到Nest by AiA，他們就會引領你搭乘電梯上樓。搭乘金碧輝煌的電梯抵達48樓後，再轉搭電梯至75樓，就能夠到達裝潢雅緻的Nest by AiA咖啡廳。

如果有計畫要前往用餐，建議可以先請熟諳越南語的朋友或飯店櫃台協助打電話訂位，通常落地窗旁景觀最佳、較涼爽的位置都會優先讓給事先訂位的客人。

Nest by AiA的低消是每人一份餐點或飲料，價位大約落在台幣250～400元。筆者過去曾到許多國家參觀過高空觀景台，大部分都需要另購門票，但在這裡只要走進咖啡廳就能享受絕美的高空景色與飽覽西貢河的明媚風光，非常推薦喜歡賞景的朋友到這裡享受一段悠閒時光。

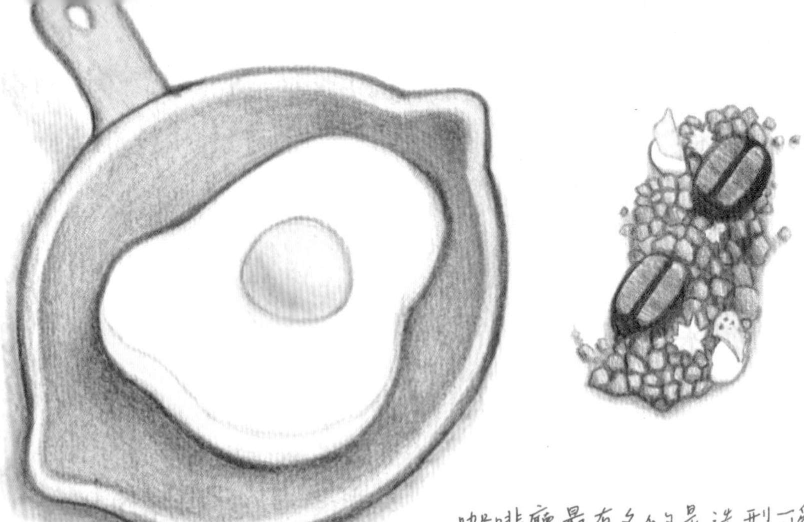

咖啡廳最有名的是造型可愛又美味的甜點，充滿越式風格與特色

Nest by AiA最有名的餐點是造型特殊又可愛的甜點，我們到訪時品嚐了荷包蛋造型慕斯（ốp la），周邊蛋白的部分是酸酸甜甜的檸檬慕斯，中間的蛋黃則是以巧克力包裹鹹蛋黃製成，口感層次豐富。另一道是人心果奶茶塔（sapodilla tart），使用東南亞特有的人心果結合泰式奶茶，迸發出特殊的香氣。其他還有許多設計得極具東南亞特色的甜點，比如製作成椰子殼造型的苦甜巧克力慕斯（stranded coconut）加入了芒果、百香果等熱帶元素，咖啡慕斯（cà phê sữa đá bites）也融入了越式咖啡必加的煉乳，相信甜點控們都會沉醉在它們的魅力中。

除了甜點外，Nest by AiA的早午餐用料也是豐盛澎湃、擺盤精緻，如水波蛋鮭魚吐司（cured salmon toast）和比利時列日鬆餅（belgian liege waffle），皆使用繽紛的熱帶水果與花卉裝飾，吸睛的餐點讓人更加享受咖啡廳的美好氛圍。

此咖啡廳的另一個特色是，在入夜後會搖身一變，成為氣氛浪漫的高空酒吧Blank Lounge，所以許多網友都推薦下午5點左右的時間前來，如此就可以一次飽覽白天與夜晚2種不同的美麗景致。晚上6點後這裡便只提供酒類和飲品，如果想品嚐咖啡與甜點記得早點前往喔！

享用完咖啡廳的美食與美酒後，推薦大家可以到Landmark 81商場參觀購物，或是走天橋到對面的公園賞景。充滿自然景觀的寬闊公園內常常有當地居民在野餐、放風箏，氣氛十

繽紛可口的早午餐，
以水果與鮮花裝飾

分悠閒愜意。此外，公園內還有2座架高的觀景台，可以從觀景台上欣賞西貢河，也可以欣賞到整棟Landmark 81摩天大樓的全景，無論白天或夜晚都有不同的迷人風情。

雖然Landmark 81大樓離市區主要景點稍遠，不過很推薦喜歡觀景且旅遊時間充裕的朋友來訪（只要和計程車或Grab司機說聲Landmark，大多數的司機都能馬上了解），相信你一定能充分享受這場充滿美景與咖啡香氣的旅程！

Landmark 81 對面的公園可以觀賞到
整棟摩天大樓，白天與夜晚都有不同景致

除了開放露台外，
咖啡廳內部也使用大量落地窗，
每個角落都能觀賞到絕佳的景色

INFORMATION

Nest by AiA Landmark 81

720a Điện Biên Phủ, Vinhomes Tân Cảng, Bình Thạnh, Thành phố Hồ Chí Minh

10:00～23:00，公休日可注意粉絲專頁公告

+84 28 3821 6400

地址　FB

質感咖啡館

復古懷舊
軍風咖啡廳

漆成軍綠色的外牆與木頭門窗是特色之一

越南的咖啡文化相當盛行，當地人每天平均飲用2～4杯咖啡，光是胡志明市就有超過6000間咖啡廳。喝咖啡的訴求不只是單純喝杯飲料，更是親友小聚、日間閒聊與工作討論的重要場所，深深融入當地人的日常生活。常常看到越南人全家出動，無論是阿公、阿嬤還是剛出生的小嬰兒，全部都和樂融融泡在咖啡廳，讓我也不禁感染到這份愜意的心情和慢活的步調。

近年來，當地咖啡品牌更透過獨特的裝飾與氛圍吸引顧客。Cộng Cà Phê的店內裝潢便採用了越南1980年代的風格，牆上的壁畫

店家櫃台也帶有
濃濃的復古氣息

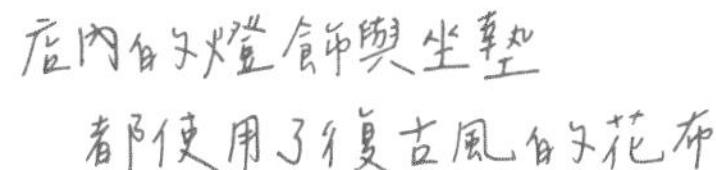

描繪共產主義舊時的生活方式。店內大量使用深棕、深綠和如古董般的木頭桌椅，搭配大紅色與綠色印花棉布營造年代感。每位店員身穿軍綠色制服，走入店裡的瞬間便彷如穿越時空，讓人完全沉浸在復古年代的懷舊氛圍。

Cộng Cà Phê的第一間店位於歷史悠久的河內市區，2007年創立後深獲越南人與國際遊客的喜愛，不但在越南擁有超過50間門市，近年來還在韓國與馬來西亞拓點，開設海外門市。可說是越南最成功的連鎖咖啡廳之一。

我和友人最常去的分店位於粉紅教堂的正對面，可以一邊品嚐咖啡一邊欣賞到整棟教堂的景觀，非常推薦大家穿著租借的奧黛到咖啡廳裡小憩、拍攝復古風格的美照（店家的3樓有一塊開放式的露台，可以在這裡與粉紅教堂合影留念）。

Cộng Cà Phê最知名的飲品是咖啡椰奶冰沙（cốt dừa cà phê），在天氣酷熱的胡志明市，最適合嘗試這杯清涼醒腦的飲品！濃烈的越式黑咖啡搭配香濃綿密的椰奶冰沙瞬間提神，苦甜滋味直衝腦門，讓人十分上癮。

其他飲品如微酸的優格咖啡（sữa chua cà phê）、帶有濃濃豆香的綠豆椰奶冰沙（cốt dừa đậu xanh）和頂端畫著可愛星星的越式白咖啡（bạc xỉu，由於黑咖啡的比例更少，比一般的煉乳咖啡還甜一些），也都帶有獨特的東南亞風情，讓我貪心地想要每種口味都嘗試一輪。除了特色飲品外，店內也提供簡單的餐點，如煉乳牛角可頌麵包、越式綠豆糕、牛肉乾等等，也可搭配飲品一起悠閒地享用。

除了讓人印象深刻的飲品，有些Cộng Cà Phê門市還會販售設計感十足的品牌商品，像是皮件、水壺與帆布包，質感優異且色調也相當具懷舊感。推薦大家可以在這裡選購喜歡的商品做為紀念，收藏咖啡廳特有的魅力與氛圍。

遠近馳名的咖啡椰奶冰沙，
深受顧客的喜愛

畫上星形圖案的
越式白咖啡

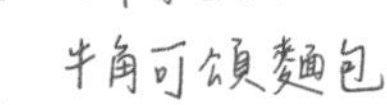

牛角可頌麵包

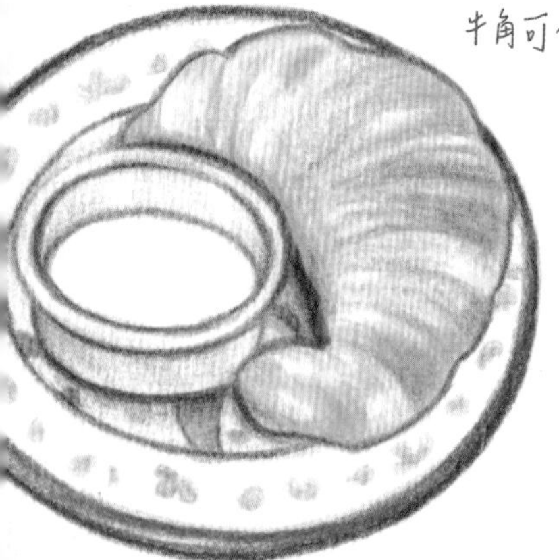

店內也販售各式質感皮件

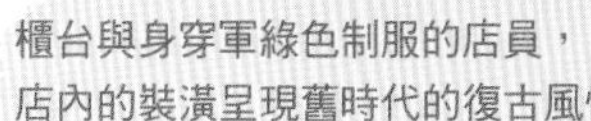
櫃台與身穿軍綠色制服的店員，
店內的裝潢呈現舊時代的復古風情

聽越南朋友說，他們對當地品牌的喜愛，還更甚於星巴克等國際知名的品牌。如果你喜歡類似Cộng Cà Phê這樣帶有強烈越南特色的連鎖咖啡廳，也很推薦造訪其他廣受歡迎的當地品牌，比如像是The Coffee House、中原咖啡（Trung Nguyen Café Legend）、高原咖啡（Highlands Coffee）、福隆咖啡（Phúc Long Coffee & Tea）等等，享受充滿咖啡香氣的療癒時光。

INFORMATION

Cộng Cà Phê

274 Hai Bà Trưng, Tân Định, Quận 1,
Thành phố Hồ Chí Minh

07:00～23:00，公休日可注意粉絲專頁公告

地址

FB

質感咖啡館

咖啡公寓內的夢幻童話風咖啡廳

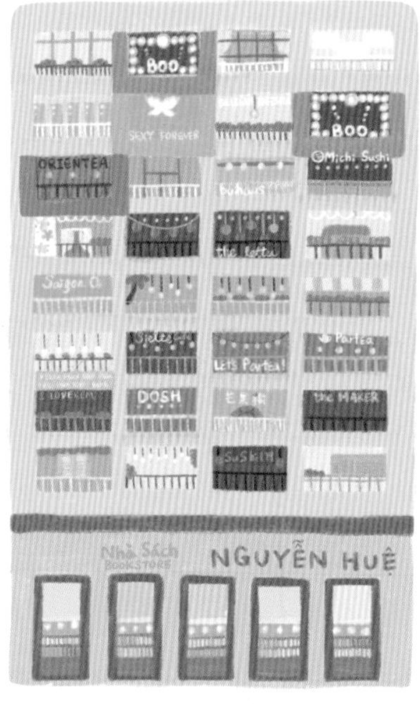

充滿各式
咖啡廳、餐廳
與飾品店的
咖啡公寓

許多喜歡喝咖啡的朋友們應該都曾耳聞，胡志明市有一棟聲名遠播的「咖啡公寓」，當地人則稱它為Chung Cư 42 Nguyễn Huệ（阮惠大道42號公寓）。整棟建築裡開滿各式各樣的主題咖啡廳，任君挑選。喜愛慵懶行程的咖啡控們，別錯過了這棟位於阮惠步行街的神奇老公寓。

初訪咖啡公寓，推薦大家可以坐電梯（收費VND3,000，約台幣4元）或爬樓梯到頂樓，再從9樓慢慢往樓下參觀，邊逛邊選間最喜歡的特色咖啡廳，享受胡志明市的悠閒午後時光。

Partea宛如童話的店面氛圍，讓人忍不住想一探究竟

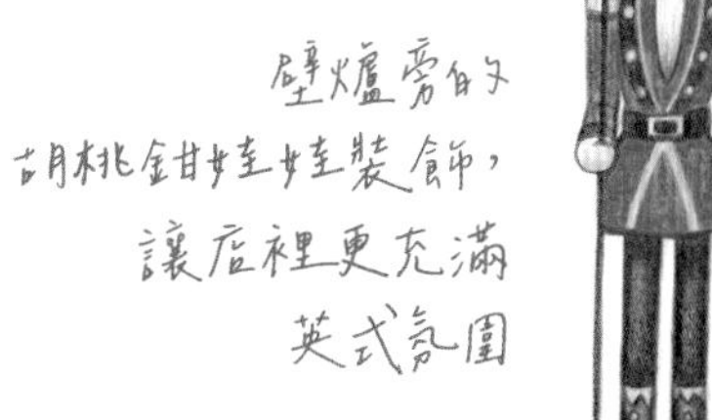

壁爐旁的胡桃鉗娃娃裝飾，讓店裡更充滿英式氛圍

若你和我一樣喜歡令人少女心迸發的夢幻氛圍，相信你也會熱愛Partea - English Tearoom這間位於4樓邊間的可愛咖啡廳。店面外觀飾以粉綠色窗框和熱帶植物，玻璃櫥櫃內擺滿歐式茶壺與碗碟，氛圍宛若童話故事的繽紛封面，讓人迫不及待想走入奇幻空間一探究竟。

推開玻璃門，迎面而來的是充滿復古氛圍的壁爐、金色吊燈與雕花鏡，一旁整齊排列的英式胡桃鉗娃娃亦殷切地迎接賓客。室內的桌椅以潔淨的純白色和原木色為主，櫥櫃上擺滿了各式華麗杯盤、復古皮箱與收音機、旋轉音樂盒等等，讓人感覺彷彿無意間闖入愛麗絲仙境中的祕密午茶派對。

喜歡邊享用餐點邊欣賞窗外景色嗎？推薦可以選擇面窗的陽台位置，細看胡志明市最熱鬧的阮惠大道上熙熙攘攘的景象。

選定座位後，店員會上前詢問想享用咖啡或者是茶飲。如果是茶飲，店員便會引領客人到茶葉區選擇喜歡的茶葉，每個精緻的玻璃罐上都標示著茶葉種類，可以打開來嗅聞香氣再決定。

之後，再請客人挑選自己喜歡的茶杯；架上每個茶杯的花樣都太美了，無論是彩繪花朵、可愛貓掌，還是貴氣的皇室風格，每個都讓人愛不釋手，不禁深深佩服老闆的美感和這個讓客人自己選擇的小巧思。

晶瑩剔透的玻璃瓶內
盛裝著花瓣與茶葉

牆上掛滿了美麗的陶瓷茶杯，
讓客人自由選擇

英式花茶搭配酸甜可口的
覆盆莓優格慕斯

除了茶葉和茶杯外，蛋糕櫃裡的每種甜點都非常精緻，我到訪時選擇了紅絲絨慕斯蛋糕，口感和味道都很不錯。如果在店裡享用熱茶，每個茶壺下方都會放置保溫的迷你蠟燭，就算您閒地坐一整個下午，依然有溫熱的茶可享用。盛著潔白方糖的碗碟、精巧的茶葉濾網，無一不散發著迷幻的金色光芒。

此外，店員還貼心遞上計時的彩色小沙漏，上面標註了不同濃淡所需的沖泡時間，讓客人可以依照自己的喜好優雅地沖泡熱茶，更添了幾分樂趣。

店員遞上的彩色沙漏，
讓客人能依喜好沖泡茶葉

店裡收藏
各式造型特殊的茶壺

我一邊享用茶點，一邊忍不住拿起相機在店裡四處探索，仔細欣賞店裡的每個角落。櫥櫃上除了真的可供客人使用的茶壺外，還有許多珍稀的收藏品，如鑲上陶瓷與金箔、有如皇室骨董的精緻茶具，或是製作成麵包爐、歐式花園等外觀奇特的茶壺，還有迪士尼的美女與野獸家具組，讓人目不暇給。

在優雅的Partea裡享受「整棟公寓都是我的咖啡廳」的午後時光，慢慢啜飲一壺自己精心挑選的熱茶，靜靜翻閱幾本小說或畫幅色彩繽紛的美食插畫，就是最完美的胡志明市慢活體驗了。

除此之外，咖啡公寓中還有幾間非常有特色的店家，比如充滿療癒綠色植栽的Cà Phê Sài Gòn Ơi、專賣華麗可愛甜甜圈的Dosh Doughnuts、夏威夷生魚波克飯專賣店Poke Saigon，也都深受當地人與遊客的喜愛。來到胡志明市旅遊的話，記得留段時間探索這棟融合了歲月感和新潮咖啡廳的特色公寓喔！

Partea 有如童話故事般
夢幻的內部空間

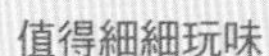

店內充滿各式美麗新奇的茶具，
值得細細玩味

除了 Partea，咖啡公寓還有
許多可愛店家等你探訪

INFORMATION

Partea – English Tearoom

- 42 Đ. Nguyễn Huệ, Bến Nghé, Quận 1, Thành phố Hồ Chí Minh
- 週一～五09:00～22:00，週六日08:00～22:00 公休日可注意粉絲專頁公告

地址

FB

質感咖啡館

花草系 文藝咖啡廳

潔白的建築物被充滿綠意的植栽圍繞

2017年第一次到胡志明市旅遊時，就對大街小巷百花齊放的咖啡廳留下深刻的印象。舉凡甜美風、懷舊風、文青風或浮誇風，每間咖啡廳都各自擁有濃厚的獨特風格，讓我在驚嘆連連之餘，也立志未來定要逐一走訪探索，蒐集每間咖啡廳的故事。

2019年初從台北搬到胡志明市，我很興奮地在自己經營的插畫Instagram上分享搬家的消息，很幸運地和一位也熱愛美食的可愛越南女孩聯絡上，她非常熱情地分享許多實用的生活資訊，也推薦了許多餐廳與咖啡廳。從此以後我們成為探索胡志明市的好夥伴，而這家L'Usine就是她帶我造訪的第一間特色咖啡廳。

清新、文藝是我對L'Usine的第一印象。潔白的建築物被綠意盎然的植栽所圍繞，陽光從晶透的大面落地窗灑進室內，映照著牆上色彩柔和的畫作和木桌上令人垂涎的美食。滿室咖啡香配上輕柔的音樂，讓人覺得心情都被洗刷得乾淨明朗。

L'Usine的創辦者與經營團隊並不是越南本地人，但他們將世界各地的風格融合越南的生活體驗，玩轉出多元創意風格。每道餐點都經過精心設計與雕琢，使用繽紛的食用花、莓果、香草和堅果類裝

店內牆上的彩繪壁畫
呈現越南特有的人力三輪車

法國麵包、太陽蛋和
香腸肉類組成的
經典鐵鍋早餐

小吃攤常見的烤豬肉碎米飯
也升級為精緻版

耐心等候一杯咖啡生成
或許是越南特有的浪漫

煙燻鮭魚吐司上撒滿
如顏料般的洋蔥和香料

飾，創造出口味與視覺效果都令人驚豔的料理。繽紛的布里歐法式吐司（brioche french toast）與煙燻鮭魚吐司（smoked salmon on toast）都是店裡人氣很高的招牌餐點。

除了較常見的西式早午餐，L'Usine也提供越式料理的選項，比如越式法國麵包搭配鐵鍋早餐（bánh mì ốp la）、烤豬肉碎米飯（cơm tấm）和香柚海鮮涼拌沙拉（gỏi bưởi hải sản），都是常見的經典越南料理。L'Usine為這些道地美食增添創意食材與設計別緻的擺盤，讓每道料理都如藝術品般呈現在饕客眼前。

此外，在L'Usine也可以品嚐到道地的越南煉乳咖啡（cà phê sữa），店員會將特殊的滴漏器具一起送上桌，需要耐心等待5～10分鐘才會滴完一杯完整的咖啡。越南咖啡通常苦味較重，但卻和煉乳成為絕配，苦甜調和後充滿層次，是專屬於當地的獨特滋味。

水果、堅果搭配蜂蜜熱鬆餅，
甜蜜又不失清爽

繽紛可口的
布里歐法式吐司

L'Usine使用非常多復古與新穎的元素混搭，打造市內的獨特風格，並結合餐飲、藝廊、服飾與生活精品。它不僅是一間咖啡廳，也是一間生活選物店，多元化的經營讓它成為越南最歡迎的品牌之一。另外，它所合作的選物品牌也和它本身一樣充滿質感，比如由法國人創辦、目前為世界知名頂級巧克力的Marou，或是越南植物香氛品牌Cochine等等，都可以店裡見到它們的蹤跡。

我們首次造訪的L'Usine Lê Thánh Tôn是旗艦店，獨棟的歐式洋房搭配旋轉樓梯與吊燈，整體氛圍明亮清爽。位在2郡的L'Usine Thảo Điền，則是被團隊打造成類似溫室風格的半露天建築，充滿療癒的綠意。7郡的分店L'Usine Phú Mỹ Hưng則是位在知名購物中心Crescent Mall內，很適合購物後在這裡歇歇腳。

從第一次造訪後，每當有台灣親友來訪，我總會帶他們到L'Usine體驗胡志明市的愜意氛圍，而他們也總會帶著滿足的味蕾與小腹（通常還有紀念品和伴手禮等戰果！）離開，是無論本地人或遊客都非常喜愛的質感咖啡廳，很推薦大家來L'Usine度過一段優雅浪漫、充滿文藝氣息的悠閒時光！

宛如歐式洋房的
咖啡廳外觀

挑高又清新舒適的內部空間，
L'Usine 的選物區販售充滿質感的
品牌服飾與生活用品

L'Usine 的每間分店
都極具特色

INFORMATION

L'Usine Lê Thánh Tôn（1郡旗艦店）

19 Lê Thánh Tôn, Bến Nghé, Quận 1,
Thành phố Hồ Chí Minh 700000

07:30～22:30，公休日可注意粉絲專頁公告

★ 分店位置：L'Usine Thảo Điền（2郡）、
L'Usine Phú Mỹ Hưng（7郡）

地址

FB

質感咖啡館

精品巧克力甜點店

活潑的鮮紅色遮陽棚搭配果綠色窗框，
讓店家的外觀相當亮眼

甜點是我的生命中不可或缺的精神食糧，從搬來胡志明市的第一天，我就開始尋覓療癒身心的甜點店。新認識的越南朋友聽聞我是甜點控，馬上推薦「Maison Marou（瑪芙）」這個被譽為「越南版GODIVA」的巧克力品牌，它不但在胡志明市和河內市中心開設巧克力專賣店，還可以在附設的咖啡廳吃到現做的精緻巧克力甜點！我迫不及待拜訪Maison Marou之後，立即認證它果真是巧克力控的天堂，必須推薦給更多熱愛甜點的朋友。

Marou是由兩位法國人Vincent Mourou和Sam Maruta所創辦，他們在越南旅行時，發現叢林中深藏著茂盛的可可樹，因此決定留在越南創立巧克力品牌，用傳統法國工藝生產優質的「Bean to Bar（不向中間商購買可可原料，自己尋找農民合作或親自栽種）」巧克力。從生產可可豆、製作到包裝，都是由品牌一手操刀。

位在胡志明市立美術館附近的Maison Marou Saigon，果綠窗框配上鮮紅色遮陽棚，外觀可愛顯眼，很有歐洲復古店鋪的感覺。一推開玻璃門，涼爽的冷氣和巧克力的濃郁芳香撲鼻而來，讓人頓時暑意全消。門口的可可豆烘豆機活潑地轉動，發出清脆的聲響，雀躍地迎接著目光發亮的旅人們。

商品區陳列著琳琅滿目、包裝繽紛亮眼的巧克力產品，每種都印上了質感滿分的燙金Logo。除了經典的單片包裝巧克力外，還有設計成類似精裝書的禮盒，格子內盛裝不同形狀的各種夾心巧克力，夾餡有椰子、開心果、金桔等等帶有越南風情的特殊口味，精緻口味搭配可愛外觀，讓人頓時心花朵朵開。

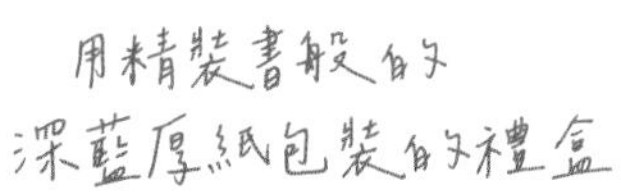

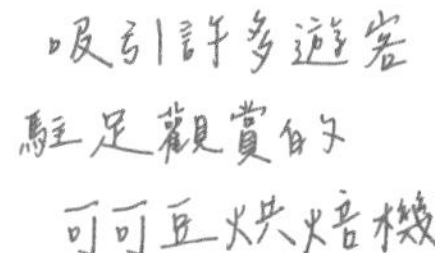

如果是第一次來訪，推薦可以選擇最經典的6款單片巧克力品嚐看看。每款皆以不同的顏色和名稱呈現，並採用越南不同產地的可可豆所製成，濃醇的風味和精美的包裝，曾獲得倫敦巧克力協會評比銀獎和國際包裝大獎的肯定。這系列的巧克力每款百分比不同，也各自帶有特殊風味，非常適合送給熱愛巧克力的朋友當伴手禮。

Marou除了販售各種巧克力禮盒外，更是一間精緻的咖啡廳。如果暫時難以決定要購買什麼商品，就先點一份現做甜點慢慢品嚐再決定吧（雖然也可能陷入更大的選擇障礙危機……）！我好喜歡坐在有大片玻璃的開放式廚房正前方，陶醉欣賞師傅細心製作巧克力甜點的療癒過程。

我最愛的甜點是撒滿糖粉的夾心泡芙（paris saigon）、綿密鬆軟的提拉米蘇（tiramisu）、閃電泡芙（éclair）和做成馬克杯形狀的慕斯蛋糕（mug mousse）。每款甜點都使用Marou招牌巧克力手工製成，接近黑巧克力的苦度帶有些許水果的酸度和芬芳，非常有層次感且完全不膩口，濃到化不開的巧克力伴著鮮奶油香氣，讓人唇齒留香。

而且不只有現做甜點，巧克力製成的飲品也是店內一大特色。除了本來就很受歡迎的招牌巧克力飲（signature marou pearl ice），巧克力珍珠可可（choco pearl ice）也非常特別，在沁涼的冰可可中加入Q彈巧克力夾心珍珠，是另一個讓巧克力控驚喜的亮點。

巧克力和包裝都贏得
許多國際獎項的經典口味

店內提供現做的巧克力甜點，
滿足螞蟻人的胃和心

Marou經常會配合聖誕節、情人節、萬聖節等節慶，推出特別版的華麗包裝和口味，也會在粉專上公布節日限定版的品項。我某次在中秋節前幾天到訪，還品嚐到巧克力花生口味的濃醇月餅，實在太美味了！身為螞蟻人的我，已經等不及每個特殊節日都來拜訪這間點燃甜點魂的巧克力店了。

撒滿糖粉的法式泡芙
令人愛不釋手

現泡的
巧克力飲品，濃醇苦甜
滋味讓人難忘

馬克杯形狀的蛋糕，
味道和外觀都令人驚豔

INFORMATION

Maison Marou Saigon

167-169 Calmette, Phường Nguyễn Thái Bình, Quận 1, Thành phố Hồ Chí Minh

週一～四 09:00～22:00
週五～日 09:00～22:30
公休日可注意粉絲專頁公告

地址

FB

山城大叻美食之旅

海拔高度1500公尺的山城大叻，是越南人最喜愛的避暑勝地，這裡的平均氣溫為17℃～25℃，溫和的氣候有別於南越的燠熱。在這個涼爽、空氣清新的城市，盛產豐富的蔬果、花卉與乳製品，也因此可以在這裡品嚐到不同於市區的特色美食。

牛肉火鍋

只要來過大叻，一定都聽說過這家人氣牛肉火鍋名店Lẩu Bò Quán Gỗ，在空氣涼冷的大叻豪氣大啖熱騰騰的牛肉火鍋，是當地人和各國遊客都一致推薦的療癒美食行程。

我們好幾次都是在下午5～6點抵達Lẩu Bò Quán Gỗ，而每次在7～8點間店員就會宣布今日牛肉已售罄無法再加點，熱門程度可見一斑。

Lẩu Bò Quán Gỗ的位置在狹小巷弄中，搭乘計程車或租機車前往是最方便的方式。由於店家生意實在太好，我們每次都被帶到對面巷子裡的另一塊區域用餐。一走進店裡，濃郁的牛肉香氣撲鼻而來，饕客們圍坐在長長的矮桌邊盡情享用冒著滾燙白煙的火鍋，讓人深深被這喧騰熱鬧的氣氛感染。

這家店的店員雖然不太會說英文，但他們會直接依當天造訪的人數估算火鍋價錢，並按計算機給客人確認；我們在2020年到訪時，兩個人的分量大約是VND250,000，約台幣325元。確認完價格後，店員就會遞上熱騰騰的牛肉湯底、分量霸氣的牛肉片、雞蛋麵、青菜

分量驚人的牛肉火鍋，
台幣200～250元就能吃得超滿足

盤和類似吃羊肉爐時會出現的香辣豆乳醬。

熱氣蒸騰的牛肉鍋一上桌就讓旅人們瞬間感到飢腸轆轆，鍋中的牛肉除了肉片外，還有帶皮、帶筋與帶骨的部位，建議大家可以先吃蔬菜與麵類，並耐心等待牛肉在鍋中滾個15～20分鐘再享用，這樣每個部位的牛肉都會更加軟嫩。

甜甜的牛肉湯頭喝起來帶有類似羊肉爐的香氣，配上吸滿湯汁的厚實牛肉、爽脆的大叻蔬菜與越南特有的香Q雞蛋麵，讓身體在大叻微冷的夜晚中逐漸暖和起來，也大大滿足饕客的口腹之欲！

INFORMATION

Lẩu Bò Quán Gỗ（牛肉火鍋）

1 Đ. Hoàng Diệu, Phường 6, Thành phố Đà Lạt, Lâm Đồng

11:00～22:00（賣完為止）

地址

大叻夜市

享用完牛肉火鍋後，到涼爽的大叻夜市散散步吧！大叻的遊客入夜後幾乎都會聚集到這裡，慢悠悠地閒逛與採買。寬敞的夜市大道除了販賣各類美食，也有販售包包、服飾與伴手禮的攤販，是深受遊客喜愛的大叻景點之一。

在大叻夜市可以發現許多特色小吃的蹤影，像是有海鮮、肉類與蔬菜可供選擇的各式串烤、豆漿油條，還有使用炭火現烤，被各國旅客稱為「越南披薩」的越式薄餅（bánh tráng nướng），香酥的炭烤薄餅上鋪滿青蔥、蝦米、鵪鶉蛋等等餡料，外脆內軟的滋味讓人陶醉不已，國民美食果然名不虛傳！

由於大叻盛產鮮乳，這裡的乳製品也十分新鮮美味，尤其是大叻限定的起司優格（phô mai sữa chua）與酪梨冰淇淋（kem bơ），濃郁的奶香與水果香氣交織，完全是乳製品愛好者的美食天堂。

此外，各式水果杯如草莓杯、芒果杯也很受歡迎，許多小販會加入糖水一起搖晃均勻增加甜味，但小心不要加到辣椒粉喔！水果加辣椒粉是越南人很喜歡的品嚐方式，不過我第一次嘗試就被辣到流淚了……喜歡嚐鮮的朋友可以挑戰看看！

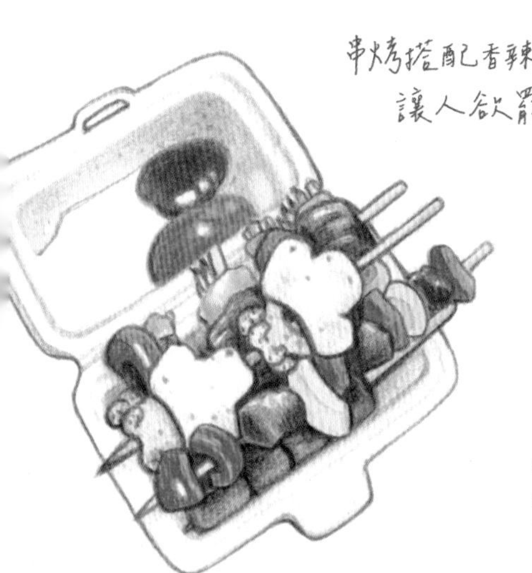

有些小販會在水果杯
加入糖水增加甜味

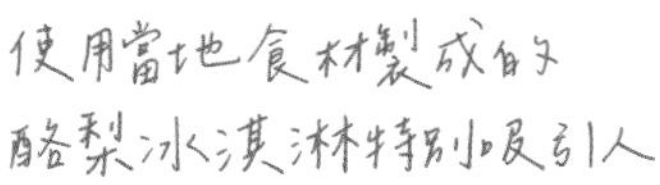

大叻夜市的豆漿油條，
是許多遊客喜愛的
宵夜選擇

INFORMATION

Chợ Đêm Đà Lạt（大叻夜市）

6b Nguyễn Thị Minh Khai, Phường 1, Thành phố Đà Lạt, Lâm Đồng

每天16:00～00:00

地址

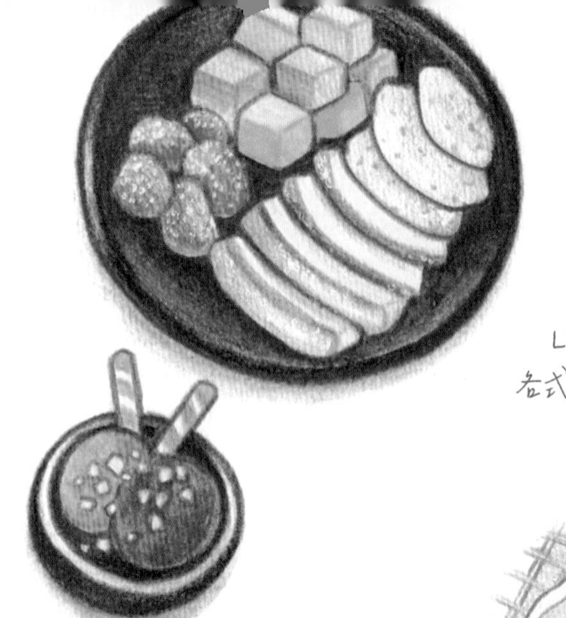

L'angfarm Buffet的
各式果乾與冰淇淋

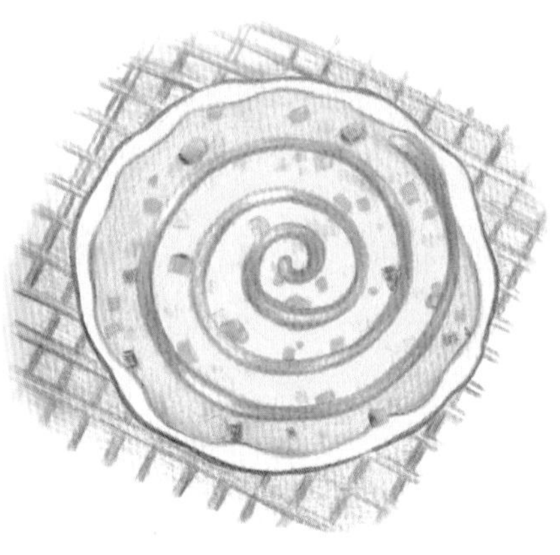

到L'angfarm也能享用到
現烤越式披薩

大叻夜市裡有豐富的道地小吃，
適合採買伴手禮的 L'angfarm
也位於大叻夜市裡

L'angfarm Buffet吃到飽

結束前面的吃貨行程後，推薦大家可以到大叻知名的果乾店L'angfarm選購伴手禮，店面的位置就在夜市裡，非常方便。L'angfarm除了在大叻之外，在胡志明市區也有開設分店，不過相較下我最喜歡大叻夜市這家分店的裝潢和氣氛。L'angfarm的果乾、茶葉與堅果品質都很好、包裝顏色繽紛討喜，很適合購買來分送親友。

如果這時候你的胃還有空間，可以和櫃台購買「Buffet Ticket」（平日69k／假日79k，約台幣90元／103元）到2樓享用buffet吃到飽！這裡主要提供的是L'angfarm的熱門果乾、果醬和茶葉等商品，大家可以全部吃一輪再決定要購買哪些回家。此外，熟食區還提供現烤越式披薩、玉米、地瓜、包子等等，也有多種口味的大叻特產冰淇淋可供選擇，在夜市還沒吃飽的大胃王們絕對可以在這裡發揮食力、飽餐一頓！

從 2 樓用餐區還能觀賞到夜市川流不息的人潮

INFORMATION

L'angfarm Buffet Night Market (L'angfarm Buffet)

6 Nguyễn Thị Minh Khai, Phường 1, Thành phố Đà Lạt, Lâm Đồng

每天 07:30 ～ 22:00

地址

FB

飄香數十載的
牛肉河粉店

河粉是越南隨處可見的國民美食，越南文是Phở（唸起來接近「ㄈㄜˊ」），是我第一個學會的越南文單字，非常實用！自從在越南嚐過第一碗驚為天人的河粉，之後只要看到餐廳的招牌上寫著Phở，我都會充滿期待地進去大啖一番。

有如台灣的牛肉麵，每間河粉店都有其獨特的風味，不同湯頭、河粉口感和配料都能激盪出嶄新的味蕾饗宴。除了口味道地外，在越南吃河粉的價錢相對比台灣便宜一些。如果來越南旅行，沒有每天攻略一間街邊河粉店就太可惜了！本篇特別整理了3間胡志明市的熱門河粉店，推薦給熱愛河粉的朋友們。

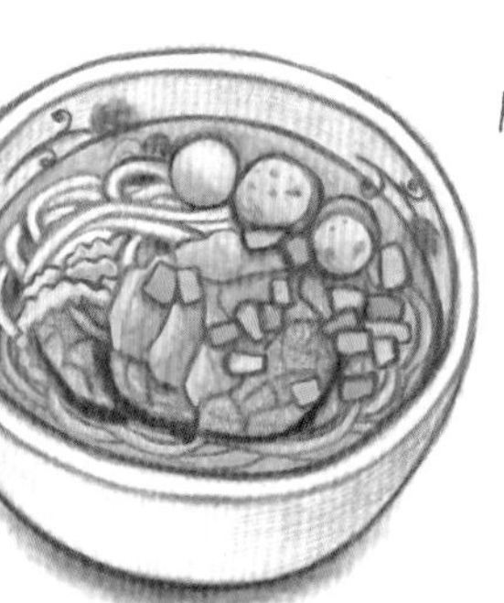

Phở Hòa是經營超過40年的老字號河粉店
店裡的綜合河粉，配料十分豐富

Phở Hòa Pasteur

首先是越南朋友首推的河粉店，據說已經開店超過40年了。它的位置在粉紅教堂附近，很適合拍完美照後順道來品嚐。店面1樓的環境較悶熱，建議可以坐在有冷氣的2樓，更適合品嚐熱騰騰的河粉。

找好座位後，可以看到桌上擺滿各式蔬菜和越式點心。不過要記得通常小吃店內都只有蔬菜盤、檸檬和辣椒是免費招待，其他配料如油條、香蕉和粽子等小點心，甚至是放在盤子上的溼紙巾，如果取用了都會另外收費喔。

Phở Hòa的湯頭濃郁，帶有彷如台式清燉牛肉湯的淡淡中藥香味，並以大量青蔥、洋蔥和紅蔥頭調味；無論是牛肉片和各式佐料都十分鮮美，搭配細滑爽口的河粉銷魂至極。

經過幾訪品嚐，我和友人一致最喜愛的是牛腩河粉（phở nạm）和綜合牛肉河粉（phở đặc biệt）。牛腩河粉鋪滿軟嫩彈牙的牛腩肉片；而綜合牛肉河粉則是放滿了豐富的配料，可以一次吃到牛肉丸、生牛肉、牛肚、牛腩等部位，所有願望一次滿足。

Phở Hòa的河粉總讓人在一碗下肚後回味無窮，完全理解為什麼越南朋友和長居胡志明市的台灣朋友都把它封為心目中的河粉店首選！

桌上擺的生菜盤、河粉醬料和越式點心

INFORMATION

Phở Hòa Pasteur

260C Pasteur, Phường 8, Quận 3, Thành phố Hồ Chí Minh

每天06:00～00:00

地址

Phở Lệ（錦麗）

錦麗河粉的名氣非常響亮，曾被《華爾街日報》評為「胡志明市最好吃的牛肉河粉」，除了在越南家喻戶曉，許多國際遊客也都把它列為必訪的河粉店之一。錦麗河粉的本店位在5郡的華人區，店面離安東市場很近，推薦大家可以順便安排到市場採購伴手禮的行程。

午餐時間還沒到，店家就已湧進大量的饕客準備大快朵頤。仔細觀察老闆娘烹煮生牛肉河粉的手法，將煮熟的河粉盛入碗中，鋪上粉紅色的生牛肉，再淋上滾煮的高湯……竟然產生了彷彿台南牛肉湯的熟悉感！

被滾湯瞬間燙熟的
粉紅色肉片，口感鮮嫩

檸檬可增加酸度
讓湯頭更爽口

胡志明市最有名的
河粉Phở Lệ本店

錦麗的牛骨湯頭亦十分鮮美，並選用比較軟的寬扁河粉條，吃起來別有一番滋味，比 Phở Hòa 甜度更高的湯頭，也受到許多台灣朋友的讚賞和喜愛。越南朋友最推薦的是生牛肉河粉（phở tái）和綜合牛肉河粉（phở đặc biệt）。品嚐時可以在湯內淋上檸檬汁增加酸度，並添放各式生菜如豆芽、九層塔等等，配上鮮嫩的牛肉，十分清爽解膩。

錦麗近年在香港開了分店，據說師傅都曾經到越南本店實習多月。期待有一天錦麗河粉也可以到台灣展店，讓我以後懷念越南時，隨時可以品嚐到這道地的滋味！

胡志明市最有名的河粉店 Phở Lệ，總是擠滿當地饕客和國際旅客

INFORMATION

Phở Lệ（本店）

1415 Đ. Nguyễn Trãi, Phường 7, Quận 5, Thành phố Hồ Chí Minh

每天 06:00～凌晨 01:00

地址

FB

Phở Quỳnh

這間店坐落於熱鬧的范五老街轉角處，有些台灣人也會稱它為「轉角Phở」。店面24小時營業，很適合晚上肚子餓時來吃宵夜！

店面門口妝點著歐式遮陽布棚和可愛的小花盆栽，可以坐在露天座位欣賞一下越南特有的繁忙街景。不過，如果天氣太熱，一樣可以到2樓有冷氣的座位避暑喔。

比起常見的清湯牛肉河粉，我更想推薦大家試試特別的「紅燒牛肉河粉（phở bò kho）」。bò kho是一道越南特有的牛肉料理，常以香茅、八角等調味，湯底類似紅酒燉牛肉般濃稠。Phở Quỳnh的bò kho湯頭濃郁，軟嫩的牛肉塊搭配胡蘿蔔、河粉等更是一絕，如果想要體驗更道地的越式吃法，可以再加點法國麵包沾著紅燒湯頭一起享用！

這裡推薦的店家都是非常受當地人和國際觀光客喜愛的熱門道地河粉店，但其實我也常隨機探訪路邊不知名的小攤販或連鎖店（如PHỞ 24），且幾乎沒有踩雷過，每間店的河粉都各有千秋，只能說越南真的是河粉天堂！

另外，如果不習慣吃牛肉或是想換換口味，也非常推薦曾被Netflix《世界小吃》介紹過的「齊同雞肉河粉（Phở Miến Gà Kỳ Đồng）」，它是我心目中越南最好吃的雞肉河粉！大家到越南旅行如果看到販賣「phở bò（牛肉河粉）」或「phở gà（雞肉河粉）」的店家，也記得務必把握機會，大快朵頤一番喔！

INFORMATION

Phở Quỳnh

323 Đ. Phạm Ngũ Lão, Phường Phạm Ngũ Lão, Quận 1, Thành phố Hồ Chí Minh

每天24小時營業

地址

官網

Phở Quỳnh特別的
紅燒牛肉河粉

位於范五老街轉角的Phở Quỳnh，
門口掛滿可愛的小盆栽

街邊小吃

最受歡迎的平民美食
越式法國麵包

越南曾經被法國殖民，因此飲食和文化都受到法國很深的影響。如果到越南旅遊，最不能錯過的就是「越式法國麵包（bánh mì，讀音近似『版米』）」，它是越南街頭最受歡迎的平民美食之一！

每間店的bánh mì口味都不太一樣，有的店家主打火腿肉，也有店家夾入太陽蛋與碳烤肉類，搭配的蔬菜和醬料也各有千秋。這裡要推薦3間口味道地、評價也很好的bánh mì專賣店給大家！

Bánh Mì Huỳnh Hoa

該店在各大旅遊平台皆被網友盛讚為「越南最好吃的法國麵包」，令所有遊客都躍躍欲試，不管何時抵達店面，門外總排了長長的人龍。不過，幸好店家的製作速度飛快，通常都不需等待太久，就可以買到一份香氣逼人的bánh mì（2019年初訪時一份VND45,000，2022年已調漲為VND62,000，約台幣80元）。

接過店員手上現做的bánh mì，腦海第一個浮現的想法是……這麵包拿起來也太重了吧！可見裡面層層疊疊的肉片分量有多麼驚人。從剖面可以看到，麵包內夾入綿密的豬肝醬、超過5層火腿肉片、豬肉鬆、美乃滋、小黃瓜、醃蘿蔔與青蔥，搭配外層酥脆內層鬆軟的麵包一口咬下，滋味澎湃無比，肉類、蔬菜與醬料完美融合，瞬間理解為何它受到世界各地旅客的激賞。

在我首次造訪後，此店就成為親友到訪時，必定會帶他們去踩點的店。在經過多次體驗後，以下分享一些點餐的小撇步。

首先，請記得在點餐時先和老闆說：「Không ớt！（不加辣椒，讀音近似『空鵝』）」。如果沒特別要求不加辣，老闆會主動在麵包內加入越南特有的綠辣椒。這種辣椒的辣度會從喉嚨一路燒灼到胃，我第一次咬到時辣得眼淚直流。除非你真的超愛吃辣，不然可別讓嗆辣的味道破壞了美好的初次品嚐體驗！

另外，建議可以請老闆幫忙對半切開，先兩個人共享一份餐點。雖然夾滿大量肉類的bánh mì真的很好吃，但吃多也容易膩口。通常帶著親友去品嚐後，大家都覺得兩人分食最剛好，既可享受到令人驚豔的美味又不覺得膩，也能幫胃留點空間，品嚐下一道越南美食！

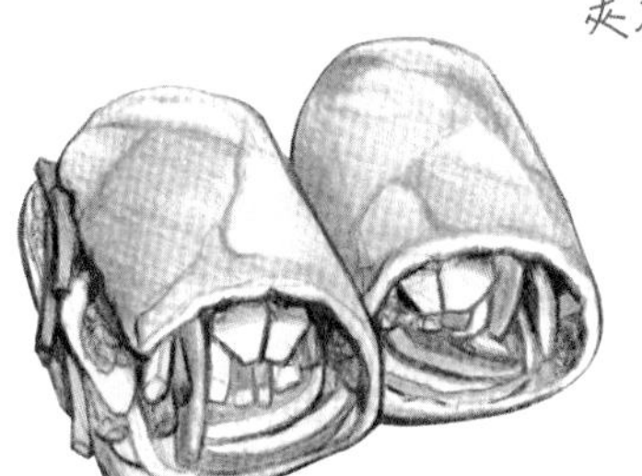

夾入滿滿肉片與蔬菜的bánh mì

店員正在把成堆的肉片、肉鬆與蔬菜夾入麵包

INFORMATION

Bánh Mì Huỳnh Hoa

26 Lê Thị Riêng, Phường Phạm Ngũ Lão, Quận 1, Thành phố Hồ Chí Minh

每天11:00～21:00

地址

Bánh Mì 37 Nguyễn Trãi

此店位於Bánh Mì Huỳnh Hoa附近，在網路上具有相當高的評價，如果吃完Bánh Mì Huỳnh Hoa還沒飽，不妨散步過來再征服一間越式法國麵包店。不過，Bánh Mì 37的開店時間稍微晚一點，比較適合當作下午茶或晚餐。

Bánh Mì 37的店面是一台位於巷弄中的小餐車，販售風味完全不同的烤肉版bánh mì。用筷子翻烤充滿濃濃炭香的豬肉餅，麵包也在烤肉架上一起烘烤到焦脆。這裡的bánh mì一份只要VND25,000（約台幣33元），價格還不到Huỳnh Hoa的一半。雖然肉類夾餡沒有像Huỳnh Hoa分量這麼驚人，但因為平價且蔬菜餡料豐富，相當受到當地居民的歡迎。

老闆娘熟練地在麵包內夾入5～6塊烤到焦香的豬肉餅，搭配清爽的小黃瓜、醃製蘿蔔、香菜和特製醬料，甜甜鹹鹹的醬香味和特殊炭烤香氣讓人垂涎欲滴。我特別喜歡店家特製的豬肉餅，餡料中帶有蒜香，搭配大量蔬菜，吃起來非常爽口，吃完一整份仍然覺得意猶未盡。如果你也熱愛炭烤香氣，請務必把這間店列入必嚐的口袋清單！

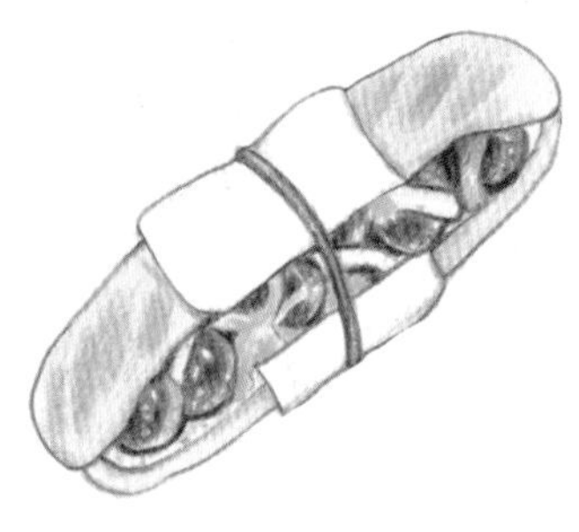

夾滿豬肉餅的法國麵包

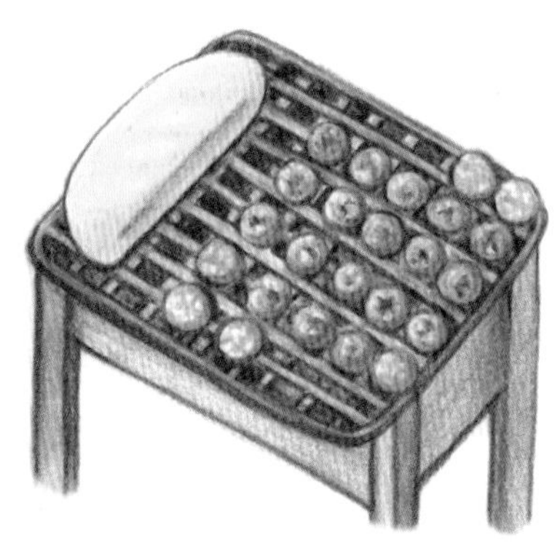

現烤的豬肉餅和麵包，
非常誘人

Bánh Mì 37的烤肉小攤車，
炭烤香味總是
瀰漫在整條小巷中

INFORMATION

Bánh Mì 37 Nguyễn Trãi

39 Đ. Nguyễn Trãi, Phường Phạm Ngũ Lão, Quận 1, Thành phố Hồ Chí Minh

週一 16:00～18:00
週二～日 16:00～21:00

地址

Bánh Mì Hòa Mã

前面2間法國麵包店都是接近中午和下午才開門，由於沒有座位，必須外帶享用。而Bánh Mì Hòa Mã只有早上開店，特色之一就是可以體驗坐在越南川流不息的馬路邊品嚐！該店座位是一整排的紅藍塑膠矮桌椅，這在越南街邊小吃攤很常見，在這裡半蹲半坐地吃早餐，感覺就像是融入了當地的生活風景。

這間店主打雙蛋鐵鍋早餐搭配法國麵包（bánh mì ốp la đủ thứ），一份VND58,000（約台幣73元），可依照自己的喜好「組裝」配料和bánh mì，滋滋作響的熱鐵鍋內盛滿金黃色的太陽蛋、香腸和火腿肉塊，並附上醃漬蔬菜和醬料。我學著鄰桌的當地客人，把麵包撕成小塊，沾滿蛋黃搭配醬料一起吃，超級享受。

吃早餐一定要搭配飲料！如果喜歡越式煉乳咖啡苦甜的口感，也可以在這裡點一杯冰涼的煉乳咖啡搭配法國麵包一起享用。

經過多次探訪與品嚐後，再度覺得bánh mì真的是越南的國寶級美食之一。之後希望還可以繼續開發其他店家的口味，期待某天再被不同版本的bánh mì驚豔！

在 Bánh Mì Hòa Mã
體驗街邊小吃的魅力

鐵鍋太陽蛋早餐
搭配法國麵包

Bánh Mì Hòa Mã 的
街邊矮凳矮桌

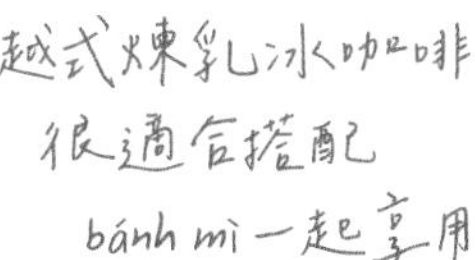

INFORMATION

Bánh Mì Hòa Mã

53 Đ. Cao Thắng, Phường 3, Quận 3, Thành phố Hồ Chí Minh

每天 06:00～11:00

地址

胡志明市人氣最高的
Bánh Mì Huỳnh Hoa，
門口總是大排長龍

Bánh Mì 37 是觀光客
和當地人都十分熱愛的
排隊美食

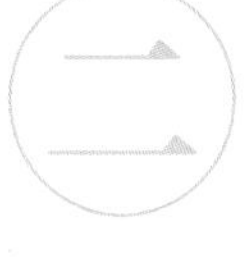

二 建築 BUILDING in 越南

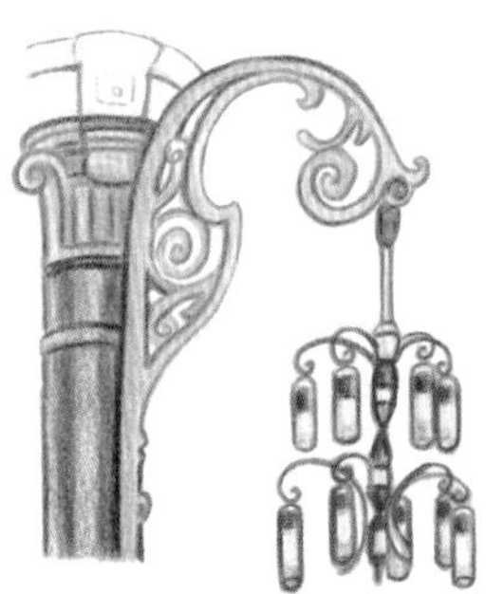

法式風情

魅力十足的歐風教堂巡禮

由於越南於19世紀中晚期曾經被法國殖民統治，因此越南的建築與教堂也充滿了濃濃的法式氛圍。在此推薦3座魅力十足的歐風教堂，有機會的話，希望大家能來一探它們的動人風采與趣聞。

百年地標之紅教堂（西貢聖母聖殿主教座堂）

紅教堂是胡志明市最著名的百年大教堂，位於熱鬧的中央郵局與書街旁邊，為19世紀末由殖民國法國所建造的天主教堂，從1880年落成至今已有約140年歷史！

是否覺得紅教堂的2座高聳鐘塔十分眼熟呢？這2座鐘塔是仿照全球知名的巴黎聖母院鐘樓所設計，每座鐘塔都有將近60公尺高。教堂使用的建築材料幾乎全部進口自法國，精巧優雅的紅磚時至今日依然維持鮮豔的紅色，因此被暱稱為紅教堂。

1959年，主教在梵蒂岡下令建造聖母和平雕像。此雕像是在羅馬使用花崗岩打造完成，並於當年運送至胡志明市，正式將聖母像安置於教堂的正前方。

關於這座聖母像，有個非常神奇的故事，據說2005年10月30日，有人發現聖母像流出眼淚。這個消息一下子就吸引上千名民眾圍觀，還得出動警察維持安全與疏散交通。遊客也都紛紛拿出攝影器材拍下這難得的景像。雖然這個事件以越南官方神職人員宣告聖母像並未流淚作結，但「流淚的聖母瑪利亞」傳說仍不脛而走，使得紅教堂與聖母像成為遊客必訪的胡志明景點。

紅教堂宏偉莊嚴的外觀，
以巴黎聖母院
為藍圖建造而成

為了讓室內散熱
設計的通氣口，
幾何圖案非常優雅

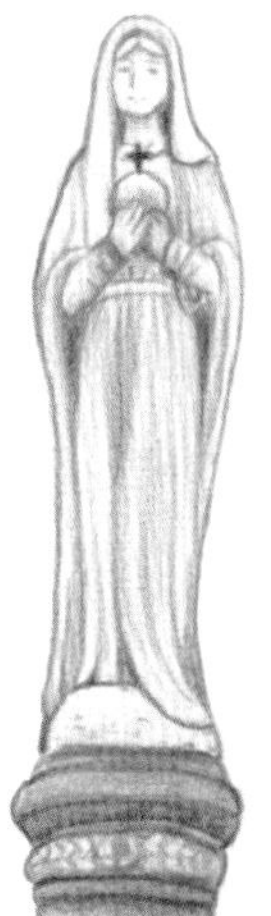

教堂前矗立的聖瑪利亞雕像，
因「流淚的聖母瑪利亞」軼事而聞名

INFORMATION

西貢聖母聖殿主教座堂　Nhà thờ Đức Bà

01 Công xã Paris, Bến Nghé, Quận 1, Thành phố Hồ Chí Minh

目前正進行整修工程，預計2027年全面開放。推薦可以在周日（chủ nhật）的彌撒時間入內參觀，詳細時間會公布在教堂門口的告示牌上

地址

1976 年時漆成了亮麗的粉紅色
素雅的禮拜廳內部

甜美風粉紅教堂（耶穌聖心堂）

位於胡志明第3郡的粉紅教堂是市內的第二大教堂，曾經歷了許多次的重建與翻修，其實原始教堂的落成時間是在1876年，比紅教堂還要早了4年。當時除了教堂外，還在旁邊設立了學校與專用教學大樓。不過，粉紅教堂一開始的樣貌和顏色與現在不太一樣，是直到1976年慶祝落成百年時，才漆成了目前亮麗的粉紅色。

粉紅教堂整體採用了羅馬式風格設計，裝飾則帶有巴洛克式的浪漫風格，亮麗的粉紅色搭配灰藍色的圓頂和白色雕花與窗框，襯著胡志明市的豔陽與藍天，宛如迪士尼城堡的粉紅教堂成為市區最美的景色之一。

粉紅教堂近年來蔚為風潮，不但成為遊客最喜歡造訪的打卡景點之一，也有愈來愈多人選擇在這裡拍攝充滿粉紅氛圍的婚紗照，留下浪漫的回憶。

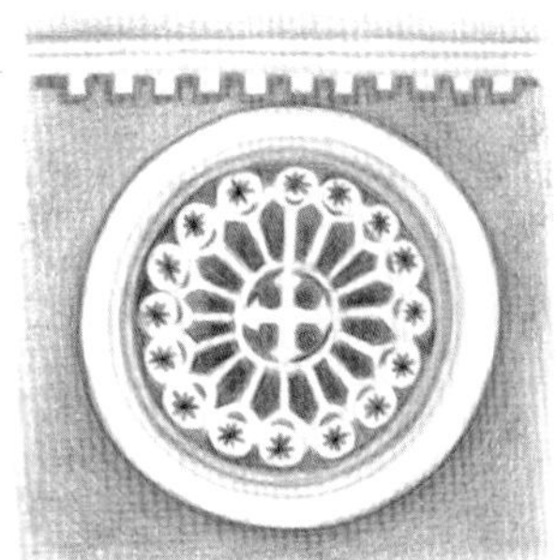

鐘樓上精緻的雕花窗

教堂側面的圓塔與天使

耶穌聖心堂　Nhà thờ Tân Định

- 289 Hai Bà Trưng, Phường 8, Quận 3, Thành phố Hồ Chí Minh
- 可以在教堂周邊拍照留念，內部通常不開放遊客參觀

地址

大叻粉紅教堂（瑪利亞修道院）

被暱稱為「大叻粉紅教堂」的Domaine de Marie其實是目前仍在運作的修道院，坐落在離市中心有段距離的小山頂。瑪利亞修道院建造於1930～1940年間，在1954年越南實行南北分治後，這座修道院聚集了許多來自北方的難民；過去也曾有多達300名的修女在這裡設立幼兒園與照料孤兒。

另外，瑪利亞修道院也被當地人暱稱為「櫻桃教堂（Cherry Church）」，是一座充滿法式與越式風格的建築。聽當地導遊娓娓道來才知，當時建造修道院的法國人為了順應越南信徒的文化，採用越南常見的Nhà Rông（高腳屋）型式進行內部裝修，以深棕色的木頭屋梁與純白色的牆面，構成了現今的素雅禮拜堂。

修道院雖然沒有教堂高聳宏偉的鐘樓，但溫柔的粉色、建築樣式與石磚砌牆都非常有特色，加上周圍環繞的花園長年布滿綠茵與豔麗鮮花，使瑪利亞修道院成為今日旅客到大叻時尤其喜愛造訪的景點。

禮拜堂內部依照越南文化裝修，
是一棟法越風格合璧的建築

大叻粉紅教堂
外觀

彩色玻璃雕花窗，
在陽光照射下
散發美麗的光芒

INFORMATION

瑪利亞修道院　Domaine de Marie

1 Ngô Quyền, Phường 6, Thành phố Đà Lạt, Lâm Đồng 670000

07:30～11:00／14:00～17:00

地址

官網

法式風情

古色古香的胡志明市立美術館

結合法式與中式建築之美，氣派華麗的美術館外觀

胡志明市立美術館或許不如紅教堂、郵政局等知名法式建築熱門，但它卻是我心目中最喜歡的胡志明市景點之一。它有如璞玉般低調地置身於市區中靜謐的一角。在拜訪它之前，從來沒想過在距離喧囂的濱城市場不到10分鐘的步行距離，竟存在這樣一幢飽含豐富文物，年近百歲的美麗建築。

市立美術館外觀是棟壯觀的鵝黃色三層樓洋房，它融合了中、法建築的特色，是法國建築師利維拉（Rivera）於1929年所設計的。這棟建築本來是華裔富商黃文華的別墅，華麗的歐式廊柱、百葉窗與雕花欄杆，和具有濃厚東方風格的磚紅屋頂、翠綠瓦片竟毫無違和感，反而讓整棟建築散發更加獨特的魅力。仔細觀察西式玻璃圓窗上的純白雕花圖案，才發現原來是「福、祿、壽、康、寧」等東方吉祥字，讓人更加佩服融合中西文化的設計巧思。

從本館空橋能夠欣賞到
建築內側的中式磚紅屋瓦

屋頂上的鳳凰裝飾，
帶有濃濃的東方味

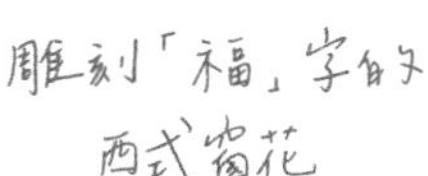

雕刻「福」字的
西式窗花

1987年，政府指定將此建築設立為新美術館的基地，1992年起正式營業。今日的胡志明市美術館已經是越南的重要美術中心，藏有大量海內外繪畫、雕塑等藝術品。民眾只要支付VND30,000（約台幣40元）的票價，就可以入內參觀。

踏入宏偉的大門，便被大廳內繽紛精緻的彩繪玻璃所深深吸引。燦爛的陽光照射進來，將窗戶上精雕細琢的玫瑰花與枝葉映照地更加璀璨動人，讓人不禁聯想到歐洲中世紀神祕而華麗的古堡。更讓人眼睛一亮的是地面上鋪滿典雅的歐式花地磚，每踏進一塊新的展區就變化成不同的款式，細緻多變的圖樣與歲月留下的曬痕，讓人彷彿墜入了時空隧道，不禁開始想像老建築背後經歷的種種故事。

鑲著璀璨
彩繪玻璃的門窗

館內大廳內已停用的古老電梯，
是第一部在胡志明市組裝的電梯

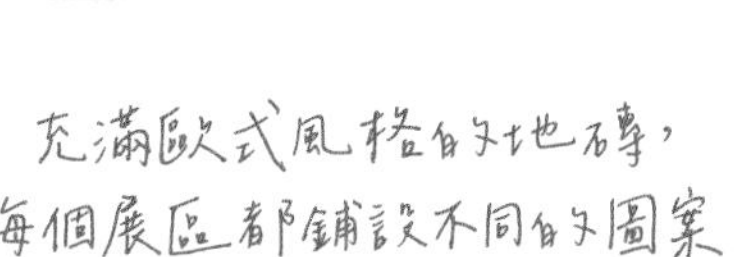
充滿歐式風格的地磚，
每個展區都鋪設不同的圖案

2樓的展品大部分是戰時藝術家的作品，溫柔而沉重地陳訴越戰時期人民悲傷與無奈的心情。在雕像展示區，有著堅毅眉宇的老婦人大步踏向前方，準備加入作戰的行列。而多幅畫作皆呈現女子身著軍裝，咬牙在前線衝鋒陷陣的模樣。我好奇地詢問越南朋友，為什麼這麼多以婦女在前線作戰為主題的畫作，朋友和我分享了一句越南諺語：「當敵人來到了家門前，就算是女人也得開門迎戰。(Giặc đến nhà, đàn bà cũng đánh.)」它道出了持續長達20年的越戰，家中男丁接連殞落，老弱婦孺必須挺身保護自己與家園的時代景象。

館內的鎮館之寶是漆畫家阮家智（Nguyễn Gia Trí）費時20年才完成的作品《Vườn xuân Trung Nam Bắc（中南北春園）》，這幅漆畫描繪了身著越南中部、南部和北部傳統服飾的女孩與大自然及其周圍景致的互動。他創作這幅畫的期間正值戰爭時期，作品中平靜祥和的景象，展現出對國家和平與人民幸福的期盼。

除了戰爭相關主題，許多藝術品也描繪出越南的日常，比如農耕景象、自然花卉和親子生活，彷彿用平易近人的語調，娓娓道來越南的近代故事。沿著長長的廊道與天橋慢慢走逛，細看每間展覽室的作品，咀嚼品味每位藝術家講述的故事，經過一個下午，彷彿和越南更加熟悉親近了。

除了充滿歷史氛圍的本館外，一旁矗立的二館也很值得細細參觀玩味。建築的外觀一樣是溫暖的淡鵝黃色，內部則展示著近代越南與國外藝術家的畫作及雕塑作品。

作品主題非常豐富多元，有的畫作以繽紛色彩描繪越南的水上市場、巷弄中的老公寓咖啡廳，也有許多呈現當代景象的作品，比如在越南傳統小船上自拍的遊客、擠在狹小電梯中看似緊密卻又疏離的人群，和本館展示的作品形成強烈的今昔對照。近期二館經常舉辦許多特展與工作坊，推薦大家可以先到粉絲專頁查看，了解到訪時是否有特別的展覽與活動可以參加。

漆成純白色的建築物則是三館，此處的館藏主要是帶有中國色彩的藝術與骨董瓷器展館，除了優雅的展品外，大片的玫紅色牆壁與圓形的環繞旋轉樓梯，近來也成為遊客駐足賞玩的景點。

如果你喜歡越南傳統藝術作品，一館的1樓設有小型的紀念品區，販售北越的藝術版畫和帶有傳統風格的越南服飾。非常推薦喜歡復古氛圍與想了解越南故事的旅人來胡志明市立美術館逛逛，度過一段洗滌心靈的藝術時光。

美術大廳與裝設優雅
百葉窗的內部廊道

二館展出的許多展品幽默詼諧地呈現出近代越南的景象

鑲滿門窗的玫瑰彩繪玻璃

館內隱藏店鋪的販賣商品也充滿藝術氣息

INFORMATION

Bảo tàng Mỹ thuật Thành phố Hồ Chí Minh（胡志明市立美術館）

- 97A P. Đức Chính, Phường Nguyễn Thái Bình, Quận 1, Thành phố Hồ Chí Minh
- 08:00～17:00，公休日可注意粉絲專頁公告
- ★ 館內可使用手機拍照，但不可使用專業相機（如在館內使用相機，可能會被收取額外費用）
- ★ 館內大部分展間沒有冷氣，如果在正午時參觀會十分炎熱，建議可在較涼爽的早上或午後造訪

地址

FB

法式風情

聳立於市中心的百年郵政局

充滿法式風情的胡志明市中心郵政局外觀

胡志明市中心郵政局（亦稱西貢中央郵局）位於第1郡的鬧區，與知名建築紅教堂相鄰，由法國建築師Alfred Foulhoux所設計（也有傳聞是由巴黎艾菲爾鐵塔的建築師所設計），整棟建築充滿了濃厚的歐式風情。它是法國殖民時期的第一座郵政局，直至今日仍是胡志明市著名地標之一，無論是郵政局內部或前方寬闊的大廣場，總是充滿絡繹不絕的遊客。

郵政局最初落成時的外牆是柔淡的粉紅色，直到2014年才漆成了現在的鵝黃色。建築外部的大時鐘上方可以看到Mercury（羅馬神話中的信差）雕像，牆面上則刻有建造年份1886～1891，近年幾經翻修的郵政局幾乎看不出百年歲月留下的痕跡，在陽光下依舊閃耀著充滿朝氣的光芒。

Mercury信差雕像，祂在羅馬神話中
是擔任諸神的使者和翻譯

穿過古典的墨綠色雕花大門走進建築內，寬敞華麗的大廳往四周延伸，拱形的天花板、均衡對稱的設計、精緻的花地磚和鑲有雕飾的燈柱，讓人感覺宛如來到古老的歐洲火車站。

郵政局中圓拱挑高的建築手法，其實源於十八世紀末的巴黎，現今歐洲許多古建築也仍保有這樣的設計。至於天花板的拱型墨綠色鑄鐵條，則是用來包覆住水管線的裝飾，處處都可以感受到設計師的精雕細琢。

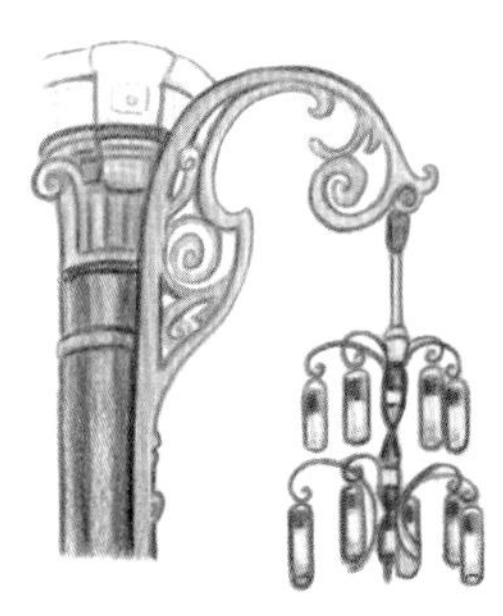

室內布滿精緻的
金色雕刻與吊燈

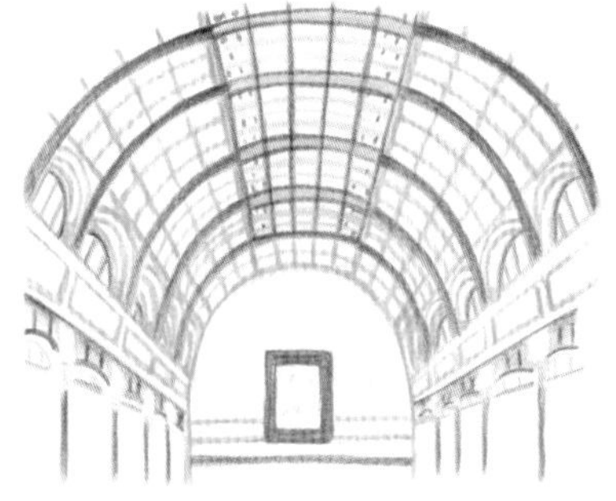

圓拱型的天花板與天窗，
充滿復古歐式氛圍

郵政局內部鋪設
優雅的花地磚

順著長形大廳往內走，可以看到巨大的胡志明肖像，兩旁則掛著泛黃的手繪湄公河與胡志明市古地圖，讓郵政局內更添一絲懷舊氛圍。古地圖下設有一排酒紅色的復古電話亭，如同老電影一般，非常引人入勝。電話亭舊時設有能實際撥打的公共電話，但現今內部大多已改造為提款機或僅供遊客拍照使用。而電話亭上方掛的時鐘，則是顯示世界各地城市現在的時間，宛如歐洲的火車站。

郵政局兩側設有許多紀念品攤位，販售竹籐包、鑰匙圈、越南建築模型等等，如果不趕時間，不妨在此挑選幾張充滿越南風情的明信片寄給親友或自己吧！寫好明信片後只要拿給櫃台工作人員，他們就會幫忙秤重並以英文告知郵票價錢，貼好郵票就可以順利寄出了（大約2～3週可寄達台灣）！

郵政局中亦設有胡志明市香氛品牌「西貢小姐（Miss Saigon）」櫃位，每瓶香水都有著獨特的越南國服「奧黛」造型或斗笠，還依照不同城市的特色打造專屬圖樣，是許多國際觀光客喜歡選購的伴手禮。

每罐西貢小姐香水的瓶身
都有獨特的奧黛設計

郵政局中的舊式電話亭
很適合拍照留念

牆上裝飾著古老的
越南手繪地圖

郵政局周邊有許多
販售文創商品的特色小店，
尤其書街非常值得一遊

如果和我一樣是收藏控，推薦你到郵政局旁邊的書街（Đường Sách）去尋寶！這條布滿綠蔭的步行街上有許多書店和文創商店，販售各式漂亮的紀念品，如手繪明信片、立體捲紙卡片、筆記本等等，也有許多平價的外文書籍和各式童書、玩具可以選購。

除了商店外，書街還有許多半開放式的咖啡店和周末快閃工作坊，建議你可以在此一邊啜飲清涼的飲料，一邊愜意地觀賞這條有如歐洲小市集般的熱鬧街道，為這趟百年建築巡禮增添繽紛回憶！

INFORMATION

Bưu điện trung tâm Sài Gòn
（胡志明市中心郵政局）

- 02 Công xã Paris, Bến Nghé, Quận 1, Thành phố Hồ Chí Minh 70000
- 週一～五 07:00～19:00
  週六日 08:00～18:00
  公休日可注意官網公告
- ★ 周末時郵政局前方的廣場時常會舉辦活動或表演，若喜歡熱鬧可安排週末造訪

地址

官網

歐風建築

時光駐足的
歐洲童話風車站

大叻車站外觀，猶如童話小鎮中的可愛建築

越南知名山城大叻（Đà Lạt）素有「小巴黎」之稱，由於位處涼爽的中部高原，法國殖民期間將這裡打造成了避暑勝地，幾棟主要建築至今都仍保留了濃厚的法式風情。離市區僅有2公里、外型典雅的大叻火車站（Ga Đà Lạt）就是其中之一，它是由法國建築師於1932年所設計，被讚譽為「越南最美麗的火車站」，是許多遊客指名到大叻必訪的景點。

大叻火車站以亮眼的奶油黃色做為主色調，最引人注目的3座尖塔狀屋頂，是越南中部高原建築的特色，也有一說是代表大叻周邊波浪狀的群山。屋頂的橘褐色磚瓦搭配暖色系建築與繽紛的彩繪玻璃，猶如童話小鎮中的糖果屋般耀眼可愛。

由於大叻也是越南的「花都」，每個季節都有不同的花卉在火車站周邊盛放。我們到訪時剛好是繡球花季，淺藍紫色的繡球花和悉心修剪成的植栽，將建築襯托地更浪漫優雅。

花都大叻到處可以見到夢幻的淺藍紫色繡球花

車站大廳繽紛的彩色玻璃窗

走進火車站大廳，和煦的陽光透過方格狀的彩色玻璃照進室內，復古的深色木質售票口與牆上的木框時鐘都保留了舊時的氛圍，彷彿將時光凍結在百年前。好喜歡這樣帶有濃濃故事感的老建築。

穿過大廳來到月台，可以看到一列退役的蒸汽火車展示在此。舊式的淺藍色系車廂搭配木質欄杆與窗框十分有特色，許多新人會在此拍攝甜蜜的婚紗照；也有部分車廂被改裝為販售木雕的紀念品店和咖啡廳，遊客們都會在這邊點杯飲品，坐在車廂中愜意地享受懷舊氛圍。

大叻火車站目前仍有少量觀光列車仍在營運，如果你也喜歡帶有歷史氛圍的復古火車，很推薦可以在這裡體驗一趟洗滌心靈的小鎮之旅。大廳內部的售票窗口會張貼老火車的發車時間及車票價格，要注意如果購票人數未達25人是不會發車的，建議先和售票人員確認當日幾點的列車乘客人數已達標，便可安心購票搭乘。

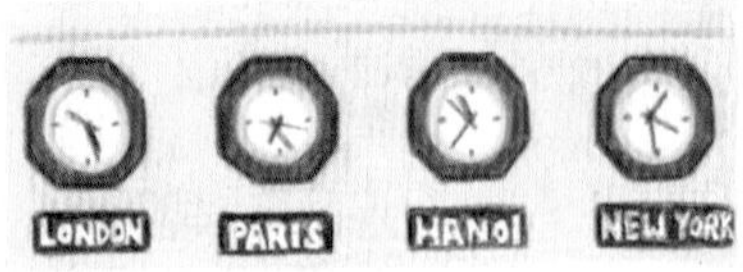

車站大廳的木框時鐘，
顯示著世界各地重要城市的時間

粉藍色的觀光列車，
吸引許多遊客在此駐足留影

復古的售票窗口，張貼著老火車的
發車時間及車票價格

我們到訪時很幸運地搭上了觀光列車，列車內部大量使用的深褐色皮製沙發椅與原木內裝，讓人聯想到前往魔法學校的古老歐洲列車。隨著火車緩緩駛過整座大叻山城，途經大片種滿蔬菜花卉的溫室，拂面而過的微風充滿大自然的清甜香氣，起伏的山巒與錯落的彩色小屋盡收眼底，讓人感到無比療癒放鬆。

旅程的終點是另一個山中小車站——涼寨（Ga Trại Mát）。火車到站後會在此停留一段時間，如果時間充裕（可與列車長確認返程發車時間），推薦大家可以花5～10分鐘步行前往知名的景點靈福寺（Chùa Linh Phước）參觀。靈福寺的外觀與內部皆以七彩斑斕的瓷器碎片拼貼而成，廟內還有一座巨型觀音像，被譽為越南最奇特華麗的寺廟之一。

相信經過了這趟歐風小火車之旅，大叻的美好風情將會久久收藏在你的心底。

復古火車上的
皮椅與原木內裝
充滿懷舊氛圍

INFORMATION

Ga Đà Lạt（大叻火車站）

- Quang Trung, Phường 10, Tp. Đà Lạt, Lâm Đồng
- 07:30～18:00（可購買VND5,000門票入內參觀）
- ★ 觀光列車每日6班，每班須達25人以上才會發車

地址

世紀風華

風情萬種的百年文藝建築

優雅溫柔的歌劇院外觀，以米色和粉色構成

西貢歌劇院（Nhà Hát Thành Phố Hồ Chí Minh）位於胡志明市最繁華的街道同起街（Đồng Khởi）。這條全長約1公里的街道被許多遊客稱為「購物大街」，除了豪華飯店與國際知名品牌林立，也充滿獨具特色的手工藝品店，並保有許多古典的歐式歷史建築，比如紅教堂、歐陸飯店、帆船飯店等等。而西貢歌劇院也是同起街上最著名的地標建築之一。

正面拱門上有許多精緻的繪圖和壁雕，充滿古典氛圍

外牆上優雅的豎琴浮雕

屋頂的天使雕像建於法蘭西共和國時代，至今仍十分完整

西貢歌劇院於1900年間落成，為法國建築師所建造；受到法國當時流行的華麗風格影響，建築正門與同年興建的巴黎小皇宮（Petit Palais）有許多相似之處。至今已超過百歲的歌劇院，是胡志明市非常重要的歷史文化遺產。

西貢歌劇院剛落成時，是法國上流人士的社交娛樂場所，直至今日還保有當時迷人的設計。建築整體顏色是溫柔而淡雅的粉色搭配米色，大門外兩座優雅的女神雕像舉起雙手捧著花瓶，宛若托起背後氣宇非凡的劇院。正面屋頂展開雙翼的天使雕像精緻典雅，而裝飾在淺粉色外牆上的天使與豎琴浮雕皆是遠從法國運送而來，值得遊客細細玩賞。

如果到訪歌劇院，非常推薦一同遊賞歌劇院旁的西貢歐陸飯店（Hotel Continental Saigon），它是胡志明市的第一家飯店，也是越南歷史最悠久的飯店之一。飯店雖經過多次翻修，但至今仍保留細緻的鑄鐵雕飾與圓拱形的法式窗花。這家飯店不但是各國名人到訪越南時首選的下榻飯店，電影《沉靜的美國人（The Quiet American）》和《印度支那（Indochine）》也曾在此取景拍攝。

目前西貢歌劇院並不開放遊客直接進入參觀，不過歌劇院內時常會舉辦各式演出，想一探這棟美麗建築神祕面紗的旅人千萬別錯過。建議大家如果有計畫觀賞表演，可以提早半小時～1小時抵達劇院，持票入場後就能入內拍照，也會有工作人員定時導覽，向遊客述說這棟歷史建築的特色。

歌劇院內最常演出的三大表演分別是A O Show、Teh Dar Show和The Mist Show，目前在Klook和KKday等旅遊平台都可以預訂門票。其中A O Show從2013年首演後就大受歡迎，被旅客們喻為「越南版的太陽馬戲團」。故事講述西貢如何從簡樸的漁港，慢慢演變成今日現代化的胡志明市，表演包含雜耍、舞蹈與體操等豐富元素，並使用大量越式竹簍與漁網等器具，讓人目不暇給。

每逢表演前的傍晚時分，劇院門口就會熱鬧非凡，充滿興奮與期待的氣息。表演結束後，全體演員會聚集在門口豪華的樓梯與觀眾合照，有時候還會隨機加碼演出一小段劇情，與現場的觀眾同樂。

如果來到胡志明市旅遊，欣賞百年建築之餘，不妨也體驗在充滿歷史感的劇院內觀賞一齣老少咸宜的表演，相信會帶給大家一場有趣又驚喜連連的回憶。

門口展示著二零年代的黑白照片與表演廳

以傳統藤編漁網製成
的A O Show展示牌，
充滿在地風情

大廳中展示的
藤編臉譜，
繪有許多特殊圖騰

謝幕後，表演者
會坐在華麗的階梯上
與觀眾合照同樂

INFORMATION

Nhà Hát Thành Phố Hồ Chí Minh（西貢歌劇院）

- 07 Công Trường Lam Sơn, Bến Nghé, Quận 1, Thành phố Hồ Chí Minh 700000
- ★ 內部不開放遊客參觀，需購票觀賞表演才可入內參觀

地址

歌劇院白天與夜晚皆有不同風情，
推薦可在傍晚造訪欣賞表演，
欣賞不同時段的景色

歌劇院旁的老字號西貢歐陸飯店，
建造時間比歌劇院更早，
是越南歷史最悠久的飯店

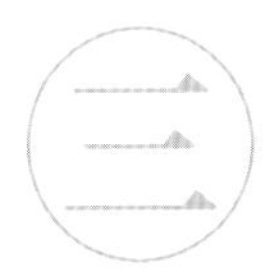

三 —— 生活 LIVE in 越南

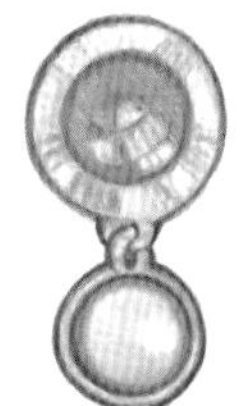

逛傳統市場
體驗當地生活

無論在國內還是到國外旅遊，我最喜歡的行程之一就是逛當地的傳統市場，觀察當地人民的生活縮影。本篇介紹的是位於胡志明市的2個傳統市場，推薦也喜歡和當地攤商互動的朋友在此駐足，體驗在地小販的日常。

成為人民聚集中心的百年古蹟——濱城市場

胡志明市最有名的濱城市場（Chợ Bến Thành）位於1郡，是市區內最古老的建築之一，其所在的位置也是胡志明市重要的公車總站及交通樞紐。

濱城市場最初是位於河邊的當地市集，早在法國人入侵之前就已存在；現在的市場位置是法國人在1912～1914年另闢的新點，距今已有百年歷史！

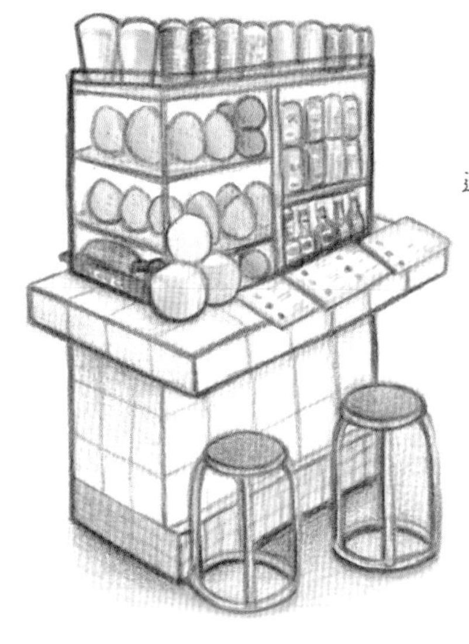

逛累了可以到美食街
歇歇腳，享用道地小吃

在市場內的果汁攤點顆
冰涼椰子消暑，也是一大享受

市場內販賣許多造型獨特的
度假風藤編包

市場的外觀仍保留法式建築的設計，而市場的南門是唯一保留最原始設計的入口，有著大時鐘的正面塔樓也是西貢的著名地標。

白天時是個室內市場，共有超過1600個攤商在此聚集。攤商販賣的商品五花八門，包括水果乾、咖啡、堅果、手工藝品和藤編包等等，還有充滿越南特色的布料，可以現場為客人量身訂做越南國服奧黛。除了市場內，也推薦大家到市場東門附近的Lưu Văn Lang街挖寶，這條街的商品價位比市場內便宜不少。

而靠近東北邊的美食街總是人聲鼎沸，來自各地的遊客與居民都聚集在此，大啖美食或享用冰涼消暑的果汁飲品。這裡的美食以越南小吃為主，多數的店家都會熱情地用多國語言招攬客人和介紹食物。每每經過都令人驚訝地猜想著他們到底學了幾種語言？

到了黃昏時，攤販開始湧進市場周邊，外圍的道路搖身一變成為熱鬧的夜市，很適合在這裡悠閒地壓馬路、和攤商討價還價（據越南朋友說，攤商通常都會先開個非常高的價格好讓遊客殺價）。許多人會在夜市買些喜歡的小吃或紀念品留念，不過如果擔心價格不透明，可以先拍下喜歡的商品，再到超市或其他觀光客較少的市場尋覓看看喔！

濱城市場內部總是充滿
熙熙攘攘的購物人潮

INFORMATION

Chợ Bến Thành（濱城市場）

Lê Lợi, Phường Bến Thành, Quận 1, Thành phố Hồ Chí Minh

07:00～19:00（17:00開始陸續收攤）
無公休日，越南國定假日可能公休

地址

當地人也會逛的傳統市場——安東市場

若時間充裕，推薦大家可以搭計程車到5郡的安東市場逛逛。這個市場位於華人區，許多攤商都會講中文，在選購溝通時讓人感覺更親切放心。

安東市場成立於1951年，也是西貢歷史悠久的傳統市場之一。除了觀光客外，也有很多當地人會到這裡購物或批貨。

安東市場分為新舊兩棟，舊市場（Chợ An Đông）和濱城市場類似，主要販賣日用品、食品、伴手禮等等，商品普遍比濱城市場平價。新市場則名為安東廣場（An Đông Plaza），有點像是台灣的五分埔，主要販售批發服飾。

舊市場地下室的攤商都非常親切，我們最常去的是許多台灣朋友推薦的明珠腰果（MINH CHÂU）。店家販賣的咖啡、腰果、茶葉、綠豆糕和果乾種類齊全又新鮮，不僅價格合理，老闆娘還會熱情的請客人試吃各種零食，不用擔心踩雷。

各地遊客和當地居民
都喜愛來採購的安東市場

越南盛產堅果，所以在此購買堅果類比台灣便宜很多。這裡的帶皮和無皮腰果都大顆又新鮮，非常受到台灣親友的喜愛。越南的咖啡也很有名，除了常見的G7黑咖啡外，喜歡椰子香氣的朋友也別錯過了芳香濃郁的椰子咖啡！

此外，安東市場也有許多的美食攤販，讓客人逛累時可以稍事歇息，並享受當地小吃與飲品。這裡的小販也非常熱情，總是笑盈盈地推薦他們特製的小吃，讓初訪越南的遊客更加了解當地的特色飲食。推薦大家別錯過造訪這兩大市場的機會，和當地的攤商聊聊天、深入觀察和體驗他們的日常，替越南之旅增添更多深刻記憶。

市場內的果乾、蜜餞，
許多攤商會請遊客
試吃品嚐

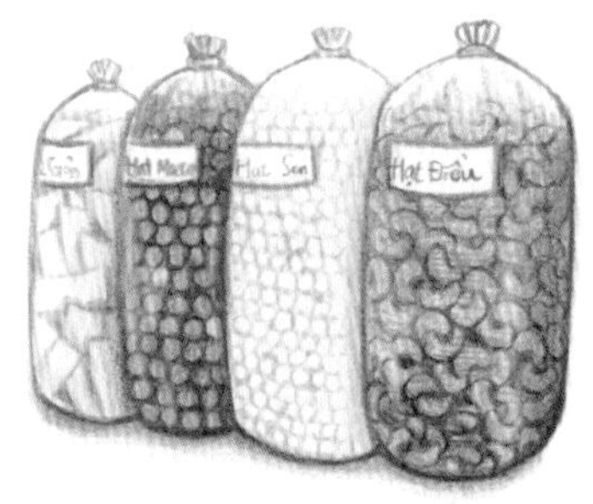

物美價廉的各式堅果
是伴手禮的好選擇

在市場買黑咖啡帶回家，
加入煉乳與冰塊，
就能回味越式咖啡的滋味

安東市場內許多熱情的小販
都能用中文溝通，備感安心

體驗在當地人血拚的
安東市場採購

INFORMATION

Chợ An Đông（安東市場）

Công trường An Đông, Phường 9,
Quận 5, Hồ Chí Minh 700000

05:30～20:00（17:00開始陸續收攤）
無公休日，越南國定假日可能公休

地址

越式日常

到周末文創市集和伴手禮店挖寶趣

The Box Market會依照當月主題，以可愛的裝飾迎賓

年輕人最愛的文創市集
——The Box Market · Hello Weekend Market

The Box Market和Hello Weekend Market是胡志明市最有名的周末市集，也是每逢假日年輕人最喜歡相約踩點的市集活動。主辦單位每個月總會用心發想出不同的主題，如農場野餐風、宇宙風、復古懷舊風等，把整個市集布置地美侖美奐，讓大家除了購物，還可以跟各式特別的布景合照個過癮。

這2個市集蒐羅了越南各式精緻的文創品牌，大部分攤商販賣的是設計師原創服飾、裝飾品、手機殼、明信片等，不但設計感十足，

洋溢著度假風情的
碎花洋裝

越南各地都能找到
設計獨特的藤編包

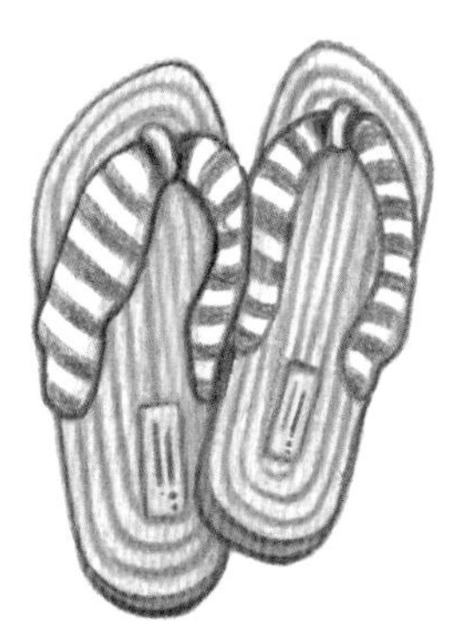

涼鞋與特殊造型耳環
也是市集亮點

INFORMATION

周末市集 The Box Market

不定期更換地點，請注意粉絲專頁與IG公告

周末與例假日

FB

IG

多數商品都比市中心的店面便宜許多，相信喜歡逛市集的朋友都會忍不住帶些戰利品回家。如果你是度假風控，一定也會愛上市集裡滿滿的碎花洋裝、手工藤編包和民族風首飾。

若是逛到累了，市集裡也有各種道地的街頭小吃可以品嚐，比如越式披薩餅、海鮮燒烤串和加入章魚與美乃滋的烤鵪鶉蛋。此外，還有許多特別的攤位，如編髮、塔羅占星、似顏繪等。如果你剛好在周末來到胡志明市，千萬別錯過這個到文創市集尋寶的好機會！

這2個市集相較下，我覺得The Box Market的主題性通常更強，也設置更多能夠拍攝美照和打卡的可愛布景；不過Hello Weekend Market的規模普遍比The Box Market更大，攤位也更多元豐富，還會有類似台灣夜市的射氣球、棒球九宮格等小遊戲可與朋友同樂。

而這2個市集都沒有固定地點，如果剛好碰到特殊節慶，市集會包下大型的場地讓客人逛個過癮。記得要出發尋寶前一定要到市集的Facebook和Instagram確認近期的時間地點等資訊喔！

加入美乃滋和章魚的
烤鵪鶉蛋小吃，
滋味和章魚燒有點相似

INFORMATION

周末市集 Hello Weekend Market

不定期更換地點，請注意粉絲專頁與IG公告

周末與例假日

FB

IG

每月擁有不同主題的 The Box Market，
設有許多拍美照和打卡的可愛布景
讓大家玩個盡興

商品種類十分多元的 Hello Weekend Market，
場地通常選在大型體育館或購物中心內，
很適合在此採購喜歡的衣飾和品嚐小吃

選購質感紀念品好去處
—— Ginkgo T-shirts · The Craft House

如果逛不到周末市集也別灰心，胡志明市區還有許多伴手禮店家，可以選購到質感很棒的衣服與文創商品。Ginkgo T-shirts是我很喜歡的文創商品店家，它的商品都非常富有越南特色。設計師會在T-shirt和棒球帽上用風格獨具的插畫呈現馬路上的機車海、錯綜複雜的電線、會安繽紛多彩的燈籠等，讓收藏衣飾的人能夠將越南特有的風貌烙印在腦海中。

除了原創T-shirt外，包包、明信片、桌遊與裝飾品的種類也十分多元，店家還會和兒童基金會進行公益合作，販售一些印有小朋友塗鴉的可愛商品，非常推薦大家到這裡尋覓心儀的紀念品。Ginkgo在胡志明市、會安和河內設有多家分店，如果有到這幾個城市旅行，都可以尋覓看看Ginkgo的蹤跡！

商品融入越南在地特色的 Ginkgo，推薦大家到這裡尋覓質感十足的設計 T-shirt 當作紀念品

INFORMATION

伴手禮店家 Ginkgo T-shirts

- 10 Lê Lợi, street, Quận 1, Thành phố Hồ Chí Minh
- 08:00～22:00
- ★ 胡志明／河內／會安市區有多家分店

地址

FB

The Craft House販賣許多可愛的木製、皮革與帆布小物，如護照套、杯墊與餐具組，送禮自用兩相宜

另一間我很喜歡的伴手禮店是The Craft House，店內販賣許多可愛的原木、皮革與帆布製成的小物，如護照套、杯墊與餐具組等；也與當地插畫家合作，將胡志明郵局、濱城市場等知名建築的手繪插畫印製在商品上，非常別緻可愛，相當適合選購送給親友或自己買回家好好收藏！

INFORMATION

伴手禮店家 The Craft House

28 Đ. Nguyễn Trãi, Phường Phạm Ngũ Lão, Quận 1, Thành phố Hồ Chí Minh

10:00～22:00

★ 胡志明／河內／會安市區有多家分店

地址　官網

前進品項最齊全的超市購物

越南超市有許多值得發掘的小驚喜，推薦初訪越南的朋友一定要預留時間到超市採買伴手禮，將美好的越南回憶帶回家。越南有許多知名的大型超市，如AEON CitiMart、LOTTE Mart和Big C等等，但通常分布在觀光客不容易去的郊區；因此這裡要推薦的是位於市區、交通便利且販賣商品非常齊全的Co.opmart和WinMart。

Co.opmart是當地居民常來採購的超市，在這能一窺人們日常生活的有趣面貌。寬敞的店內從日常生活用品到各式伴手禮一應俱全，輕鬆就能將越南風味搬回家，很值得花時間到此逛逛。

WinMart則位於胡志明市最大型的購物商場之一Vincom Center內，不但吸引了許多國際觀光客，當地人也會到此採買，本地與進口的商品都可在此一網打盡。於超市購物後也可以順便逛逛Vincom Center，商場內匯集許多國際品牌和餐廳，也會依節慶舉辦熱鬧的主題活動。

下面整理一些在大部分超市都可以買到的伴手禮，品質很棒，價格也合理，除了帶回家溫習難忘的異國之旅外，也很適合分享給喜歡越南的親友們！

河粉與麵類

VIFON的即食河粉是最受歡迎的伴手禮之一，除了能夠直接沖泡食用，加入各式蔬菜、肉片和雞蛋烹煮也相當美味。香Q的河粉和湯頭一入口，輕鬆就回憶起越南河粉的風味。

除了VIFON外，Acecook的即食麵類也非常熱門，經過實際試吃一輪後，我覺得除了網路最多人分享的Hảo Hảo海鮮泡麵系列，咖哩烏龍麵和義大利麵系列也都很美味。喜歡吃泡麵的朋友別忘了多蒐集一些特別的口味帶回家！

點心類

堅果與果乾是許多人到越南必買的點心，由於超市內販賣的種類齊全、包裝也很精美，很多遊客都會選擇在超市購買。我最喜歡買的果乾品牌是Vinamit，除了常見的各式水果口味，還有很特別的巧克力芒果乾，酸酸的芒果乾外層裹上苦甜黑巧克力，滋味非常有層次。

VIFON的雞肉和牛肉河粉，
買回家就能隨時懷念
越南的滋味

Vinamit酸甜的芒果乾
裹上黑巧克力，
滋味很有層次

INFORMATION

Co.opmart（3郡分店）

168 Nguyễn Đình Chiểu, Phường 6, Quận 3, Thành phố Hồ Chí Minh

07:30～21:30

地址

FB

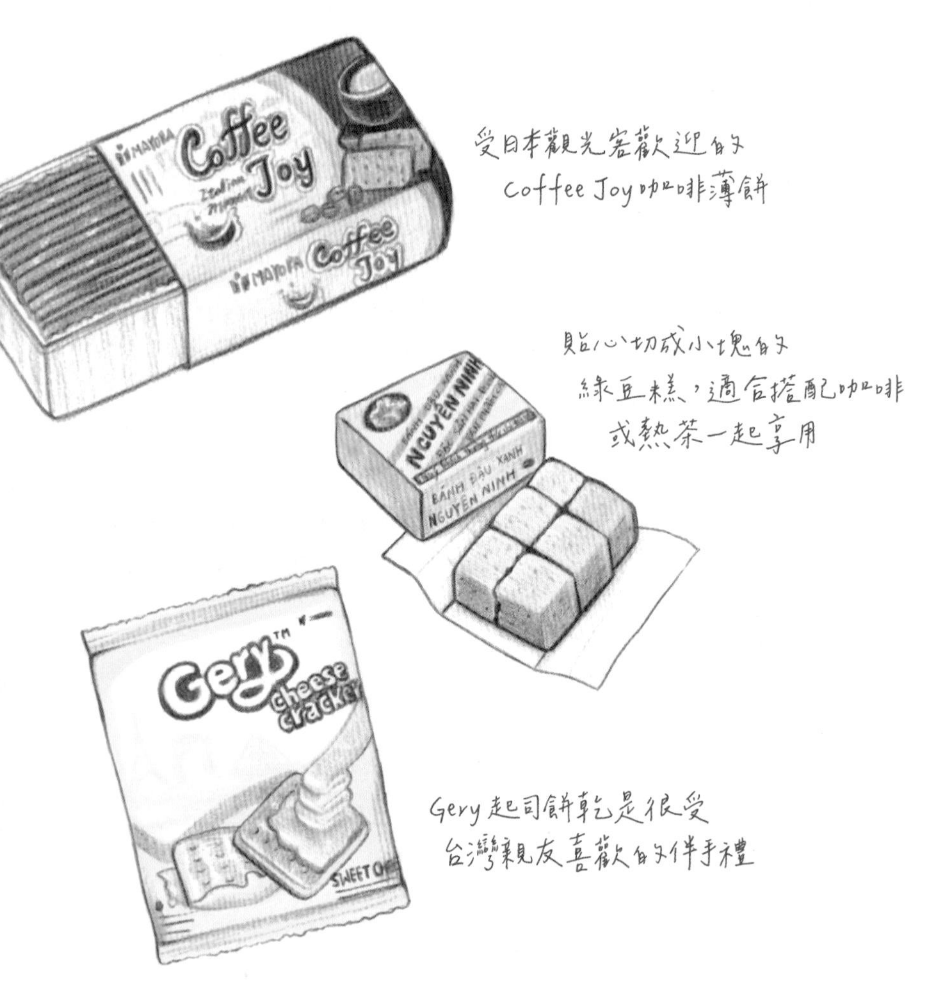

入口即化的越南綠豆糕（bánh đậu xanh）也是十分受歡迎的伴手禮，切成迷你方塊狀的綠豆糕若是直接吃，或許會有人覺得過甜，不過搭配熱茶一起享用就相當適合。除了最有名的「金龍綠豆糕（Rồng Vàng）」，我也很喜歡XUÂN THANH牌的福字綠豆糕，這個牌子的綠豆糕口感比較脆，甜度較低，造型也很討喜。

越南超市也販賣許多美味的餅乾，多數台灣朋友最喜歡的餅乾之一是「Gery起司餅乾」，濃郁的起司醬搭配細細的糖粒讓人無法抗拒。另外，也推薦「Coffee Joy」薄片餅乾給喜歡咖啡的朋友，淡雅的咖啡香氣和酥脆口感愈吃愈順口，據日本朋友說，這是他們最喜歡帶回日本送給親友的伴手禮之一！

咖啡茶飲類

越南是繼巴西後第二大咖啡出口國，愛喝咖啡的朋友也別錯過超市的各式咖啡商品喔！超市可以買到G7和中原咖啡等知名品牌，近年也有包裝可愛且風味特別的新品牌崛起，如Mr. Viet和Archcafé，尤其推薦Archcafé的椰子卡布奇諾，喝過的家人親友都非常喜歡，熱愛椰子香氣的人一定要品嚐看看。除了即溶咖啡，超市也可以買到越南特有的咖啡滴壺，買來沖泡咖啡或當家中擺飾都非常可愛。

而不只有咖啡，越南的茶類也很有名氣，許多遊客喜歡購買朝鮮薊茶（Atiso）和蓮花茶。Atiso不含咖啡因，根、莖、葉、花苞甚至花粉都可食用，被越南人視為保健聖品之一。帶有清香的蓮花茶則具有整腸效果，趁熱喝下肚，清爽又舒眠。我最常購買的牌子是Phuc Long的蓮花茶，也是非常受到長輩喜愛的伴手禮。

Archcafé的椰子卡布奇諾
滋味濃郁，包裝也很有質感

蓮花茶包裝繽紛，
清香氣息廣受喜愛

INFORMATION

WinMart（Vincom Center分店）

B3 floor, 72 Lê Thánh Tôn, Bến Nghé, Quận 1, Thành phố Hồ Chí Minh 70000

07:00～22:00

★原VinMart於2022年更名為WinMart

地址

FB

水果

越南和台灣一樣是水果王國，千萬別忘了試試滋味甜美的熱帶水果！我心目中排名第一的越南水果是雪白嫩軟的山竹（măng cụt），5～8月是盛產期，酸甜消暑的滋味讓人一試難忘，水果皇后名不虛傳！

小巧可愛的龍宮果（bòn bon）也十分多汁甜美，外觀有點類似龍眼，剝開後呈現瓣狀透明果肉，會散發出有如柚子般的清爽香氣，也是越南必嚐的水果。

此外，果肉Q彈清香的紅毛丹（chôm chôm）、香甜脆口的波羅蜜（mít）和富含蛋白質的牛奶果（vú sữa）也都是鮮少有機會品嚐到的熱帶水果，很推薦大家到超市尋覓它們的蹤跡！

除了新鮮水果外，也常可以看到熱帶水果風味的優格，平價且滋味獨特，喜愛酸甜水果滋味的你千萬別錯過。

每次帶親友來逛越南超市，大家都直呼這裡簡直是荷包淪陷地。大家記得要留段時間到超市好好挖寶，帶著豐富的戰果回家！

越南常見的山竹、
綠色牛奶果與龍宮果

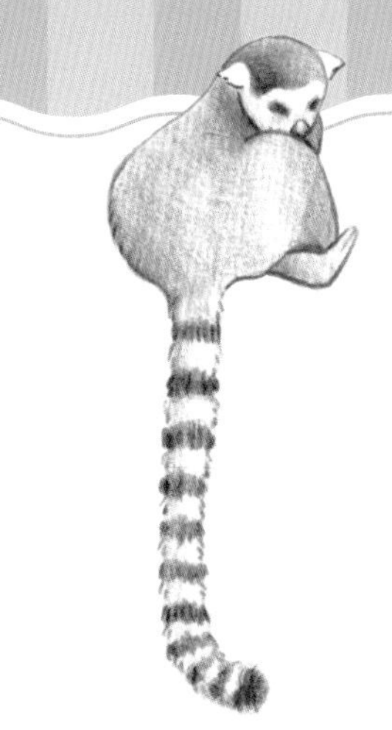

體驗 LEARN in 越南

傳統文化

異國風繽紛 奧黛體驗

越南的高中生以純白色的奧黛作為學校制服

越南國服「奧黛」（Áo Dài，越南文的意思是「長衣服」），是越南傳統文化之美不可或缺的一部分。此服飾融合了多種文化，設計上除了有旗袍的影子，也深受法國、美國和少數民族文化的影響。奧黛最明顯的特色是上身剪裁合身、下身寬敞，通常會配上長褲，讓活動更方便。

奧黛在越南非常常見，只要是正式的場合都可以看到越南人身穿奧黛參加；而特殊節慶時，許多服飾店還會推出最新款式的繽紛奧黛。聽越南朋友說，他們的衣櫃裡都有好幾件適合不同場合的奧黛，如春節、婚禮、公司活動等等，許多越南航空的空姐也以奧黛為制服。越南朋友還分享，她們高中時的制服是純白色的奧黛，並推薦我看越南電影《碧眼 Mắt biếc》，裡面穿著白色奧黛的學生真的好美！

每件奧黛上的
圖騰都非常獨特，
充滿古典韻味

古典風格的奧黛，
緞面布料上繡滿
精緻花朵

許多越南少女都會穿著
這種有小碎花的可愛款式

不論到什麼國家旅遊，我都會尋找可以體驗或訂做當地服飾的店家。我覺得穿戴當地傳統服飾是非常特別、有趣的體驗，不但可以留下珍貴的照片紀念，也能體會當地人穿著這身服飾的感受，彷彿與這裡的文化多了一層親切感十足的連結。

每當有親友來訪胡志明市，我都會帶他們去租借或購買美麗的奧黛，一起拍照留念。我們最喜歡的租借店家是Áo Dài Ơi，很可惜目前這間租借店因為疫情已經歇業；推薦可以造訪另一間Áo Dài Hạnh，這裡也有許多精美的款式可以租借。

如果想要購買奧黛收藏，越南朋友們首推的店家就是Sumire Store奧黛店，在這裡可以選購到最新穎的款式，但此店家位置離市區較遠，如果在越南待比較久，推薦利用官網或越南蝦皮網購，可省去交通費與往返時間。或者你也能直接前往濱城市場或新定市場，現場選擇喜歡的布料後，請裁縫師替你量身打造專屬奧黛。

在市場或伴手禮店買幾頂斗笠，搭配奧黛拍照更有濃厚的越式風情！斗笠是越南服飾中不可忽視的重要元素，以草和竹子所編製的材質，非常適宜越南的氣候。除了可以遮陽擋雨，斗笠上還常飾以漂亮的手繪圖案或刺繡，相當值得收藏。

奧黛店的更衣室布置得溫馨可愛，充滿越南風情

斗笠是越南服飾中的重要元素，在伴手禮店就能選購

INFORMATION

Áo Dài Hạnh

- 6/3 Đ. Cách Mạng Tháng 8, Phường Bến Thành, Quận 1, Thành phố Hồ Chí Minh 70000
- 08:00～21:00
- ★ 單次租借費約為台幣160～400元，奧黛售價約為台幣400～1500元

地址

FB

除了大人穿著的奧黛，街上也隨處可見童趣可愛的兒童奧黛

穿著奧黛坐在咖啡廳中，體驗復古年代的美好氛圍

每次和親友一起穿奧黛，我都會帶大家先到粉紅教堂拍照留念。鮮豔繽紛的奧黛配上華麗夢幻的粉紅教堂，絕對可以讓來訪越南的親友拍得非常過癮。拍完美照後，再到對面的復古咖啡廳Cộng Cà Phê享用清涼的冰沙，順便在裡頭拍照留念。咖啡廳內除了復古木質桌椅和花布的古色古香內裝，頂樓的露台也很適合留下合影，還可以欣賞到整座粉紅教堂。

和親友一起身穿各式花色的美麗奧黛在異國遊賞風景，是一份非常珍貴美好的回憶。如果你曾到日本體驗穿和服、到韓國體驗韓服，下次到越南旅遊，不妨也訂做一套專屬自己的奧黛，細細品味越南文化之美吧！

INFORMATION

Sumire Store

- 21/2 Hậu Giang, Phường 4, Tân Bình, Thành phố Hồ Chí Minh 700000
- 09:30～20:30，週三公休
- ★ 有實體店和網路商城，無租借服務，奧黛售價約為台幣800～2000元

地址

FB

夜幕風情

古典遊船
夜遊西貢河

Bonsai Cruise遊船
精緻的雕花和典雅
配色，充滿復古氛圍

搭乘餐廳式遊船夜遊西貢河是胡志明市非常熱門的體驗之一，據說從20幾年前就有類似的晚餐遊船；主要行程是於日落時分登船用餐、欣賞充滿當地特色的表演，並細細玩賞西貢河畔的美麗夜景，享受浪漫的遊船晚宴。

我和旅伴在旅遊網站上預訂了晚餐遊船行程，並在夜幕降臨時抵達Du Lịch Bến Nhà Rồng碼頭，登上仿照越南傳統木船打造、典雅復古的遊船。船艙內坐滿來自世界各地的遊客，室內裝潢優雅舒適，空氣中瀰漫著愉快與期待的氛圍。

親切的服務人員迎接我們上船後，便帶領我們到自助Buffet區入座。餐點美味豐富，除了各種越式經典美食，如生春捲、炸春捲和烤肉串，也備有西式的起司披薩、烤雞、三明治與奶油蛋糕等等，走到

航行於西貢河的Bonsai Cruise遊船，
可以遠眺繁華的市區景致

開放式廚房區，還可以欣賞大廚熟練地以大火現炒香氣四溢的牛肉河粉，讓我和旅伴開心地在船上四處探索遊逛。

晚間7點整，遊船發出響亮的鳴笛聲，緩緩啟航。入夜的胡志明市漸漸轉涼，天空也變成夢幻的深藍色，晚風徐徐吹來。我們在船艙內一邊用餐、一邊欣賞西貢河的夜景。可以在船上悠閒品嚐異國料理真的太幸福，我們一直吃到肚子再也撐不下了，才決定帶著飲料到露天的甲板散散步。

在甲板上遠觀市區繁華的高樓與點點燈火，欣賞西貢河與沿岸的絢麗景致。偶爾和其他的遊船交會，我們也情不自禁地和其他船上的可愛遊客揮手，分享旅遊的美好心情。

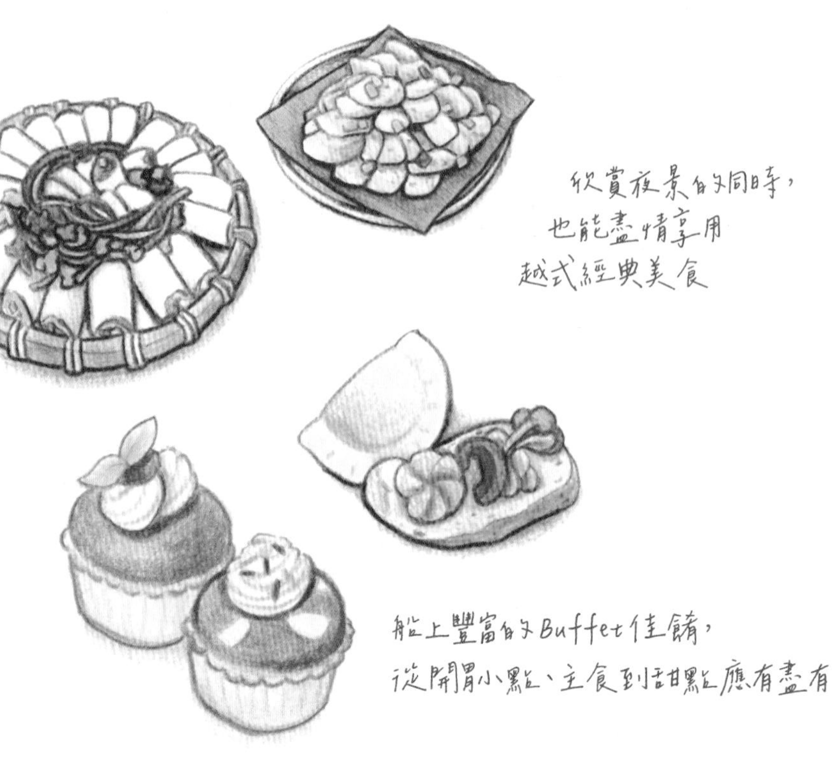

遊河途中，隨時都有精彩表演可以欣賞，如身穿越南國服「奧黛」的美麗舞者手拿斗笠，隨著名曲《Hello Vietnam》翩翩起舞；演奏者使用竹子製成的特龍琴（T'rung）和石板琴彈奏出動人曲目，歌手和Live Band獻唱多國語言的浪漫情歌，用心帶給遊客難忘且歡樂的體驗。

我和旅伴搭乘的遊船名稱是Bonsai Cruise（盆栽號），這艘遊船雖然因疫情關係暫時還未確定何時重啟，不過目前仍有許多西貢河遊船行程可以體驗，比如同樣是東方古典風格的Indochina Queen，以及主打華麗歐洲風格的Saigon Princess（公主號）。另外，港邊還有一艘外型和裝潢都非常豪華的Elisa Floating Restaurant，這艘船是固定的船餐廳，雖然無法移動和體驗遊河，餐點價格稍微高昂，但是可以在餐廳裡舒適地吹著冷氣，欣賞西貢河的夜景以及其他造型華美的遊船。

在白天盡情探索胡志明的熱鬧街市，夜幕降臨後不妨搭上遊船，愜意地一邊享用晚餐，一邊遊覽西貢河岸的美好風光吧！

Bonsai Cruise 復古典雅的內部裝潢，還能從船艙內觀賞越南最高的 Landmark 81 摩天大樓

越式料理的特色之一便是充滿各種變化的沾醬

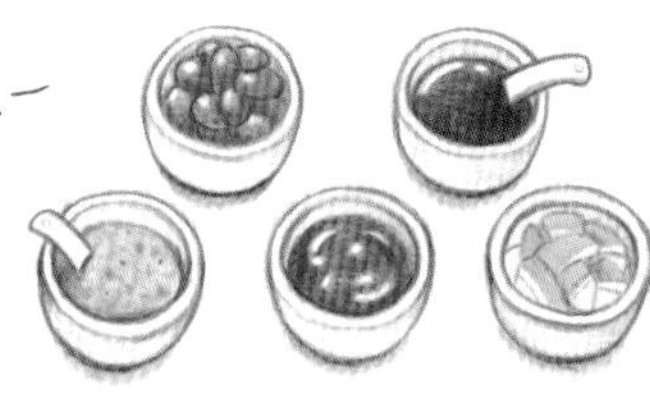

遊船上的舞蹈表演，舞者身穿華麗的奧黛演出

INFORMATION

登船港口 Du Lịch Bến Nhà Rồng

- 1 Nguyễn Tất Thành, Phường 12, Quận 4, Thành phố Hồ Chí Minh
- 19:15～21:15（通常於18:45開始登船）
- ★ 推薦可上KKday或Klook網站預定西貢河晚餐遊船行程

地址

親子共遊

大人小孩都著迷的近距離接觸動物園

在長頸鹿餐廳體驗餵食長頸鹿，
大人小孩都玩得好開心

搬來越南快滿1年時，聽聞家人要遠從台灣來越南探望我們，我們特地安排了一趟富國島度假行程和家人同樂。此行因為帶著2歲的小姪女同遊，所以除了安排大人最喜歡的海灘放空、按摩行程外，也安排了小小孩最愛的動物園Vinpearl Safari之旅！

如果除了動物園外，也想帶小朋友到旁邊的遊樂園Vinpearl Land，建議可以選購的兩個園區通用的一日券，讓小朋友開心放電一整天。早有耳聞富國島的Vinpearl Safari非常值得造訪，此行果然讓喜愛動物的大人小孩都陷入瘋狂！

KIDZOO
（小朋友體驗區）
熱情的小羊

Vinpearl Safari以非洲部落為主題，用許多圖騰、茅草屋和鮮豔的面具妝點整個園區。進入園區後，首先迎接我們的是小朋友體驗區KIDZOO，這一區大多是溫馴親人的可愛小動物，可以安心讓小朋友與牠們互動。進入低矮的木柵欄後，迷你羊寶寶立刻搖頭晃腦朝我們迎來，熱情地和訪客打招呼，瞬間融化大家的心。

揮別萌萌的小羊群後，我們探訪了頑皮的猴子家族，在狐猴區和慵懶的猴子玩耍聊天。園區內的環境維持地非常好，每扇玻璃都一塵不染，蓊鬱的草木讓人身心舒暢。

來到Vinpearl Safari，最值得體驗的就是野生遊園車之旅了！我們乘坐著兩側有著大片透明玻璃的鮮黃色巴士，穿過層層嚴實的柵門防護，緩緩駛入未知的神祕叢林⋯⋯。

長頸鹿餐廳內，
新鮮有趣的餵食體驗

在叢林中，隨時都會冒出優雅漫步的梅花鹿，昂首好奇地打量緩緩移動的遊園車；或是出現長相嚴肅、肢體動作卻十分逗趣的大黑熊趴在車窗上和我們對望。進入幾道嚴密的柵門後，神情肅殺的老虎也隨時可能出現，踏著充滿威脅性的步伐在遊園車旁打轉。大家也禁不住屏氣凝神，時而悄聲發出幾聲讚歎，深怕不小心出聲驚動牠。第一次和動物靠這麼近，是一場驚險又神奇的體驗。

除了刺激的叢林探險之旅，最讓我們期待的就是到長頸鹿餐廳，和萌到不行的長頸鹿們共進午餐！遊客可以在點份快餐給自己享用時，順便加購一份長頸鹿專屬餐點餵牠們吃。杯子中裝滿長頸鹿喜歡的胡蘿蔔、香蕉等蔬果，牠們聞到香味就會溫吞地晃著龐大的身軀走到遊客身邊，慢悠悠地伸出長長的舌頭美食捲走遊客手中的蔬果。這麼可愛的長頸鹿睜著無辜的雙眼在身邊遊逛，讓大家簡直忘記吃飯，只想把牠們都餵飽！

非洲部落風格的園區，
充滿鮮豔的面具裝飾

餐廳門口擺著可愛的
雕像，呼喚大家進來與
長頸鹿共享午餐

可以選購裝滿甘蔗與
香蕉的餐盒餵食大象

另外，如果大家的越南之旅規劃以胡志明市為主，推薦也可以到市區的胡志明市動植物園走走。雖然園區的年代較久遠，動物種類也沒有像富國島那麼多，不過也有許多有趣的動物互動區，也是胡志明市區內很適合帶小孩造訪的景點。

如果規劃到越南旅遊，不妨攜家帶眷來動物園體驗和小動物的親密接觸，相信無論是大小朋友都會享受難得和動物們相處的機會，盡興而歸！

可乘坐遊園車到 Wild Africa 探險區，
在叢林內展開與動物們近距離接觸的驚奇之旅

除了長頸鹿外，
也可以在大象互動區餵食大象

INFORMATION

Vinpearl Safari Phú Quốc

Bãi Dài, Gành Dầu, Phú Quốc, Kiên Giang 922200

每天09:00～16:00

地址

官網

旖旎風光

初訪世界自然遺產
下龍灣遊船兩日遊

透過有趣的獨木舟體驗，
能近距離接觸越南的明媚風光

位於越南東北部的下龍灣是越南最有名的美麗海灣，素有「海上桂林」的美稱。下龍灣的景致壯麗、洞奇石美，獨特的風光讓它在1994年被列為世界自然遺產。在聲名遠播後，吸引了好萊塢電影《007：明日帝國》、《金剛：骷髏島》到此地取景拍攝，使觀光旅遊業更是蓬勃發展。

為了飽覽下龍灣的完整風光，我們在旅遊網站報名了「鳳凰號遊船」兩日遊，全程配有專業的英語導遊帶領我們遊覽，當時還不會任何一句越南文的我們也因此安心不少。

外觀古典的鳳凰號遊船

從河內的飯店搭上接駁車後，經過約3.5小時的車程後，我們充滿期待地抵達下龍灣，先乘坐港邊接駁的小船，再登上造型典雅的鳳凰號遊船。

遊船上的餐廳早已準備好豐富的海鮮料理迎接我們，香茅蛤蜊、椰汁蝦與炸魚塊都是使用當地食材製成的特色料理；享用午餐的同時，還可以透過偌大的玻璃窗，欣賞窗外美不勝收的下龍灣景色。

我們搭上接駁小船，慢慢前往鳳凰號遊船，除了鳳凰號外還有許多其他遊船選擇，每艘都各有特色

遊船航行一會兒後，導遊詢問大家想選擇划獨木舟，還是搭乘大艘一點的竹筏船探索下龍灣的景致？我們選擇了聽起來很刺激的獨木舟體驗，兩人一組划著小小的獨木舟，可以近距離欣賞美麗的潟湖景致和岩洞。

看似輕巧的獨木舟比想像中還難控制，需要兩個人同心協力地控制力道與方向。我們在原地打轉掙扎好一陣子後才終於開始前進，雖然覺得有點糗（而且一直擔心會不會翻船？），不過是個非常有趣的體驗，推薦大家一定要嘗試看看划著獨木舟貼近下龍灣的明媚風光。

遊船上備有海鮮料理，
香茅蛤蜊是用當地食材製成

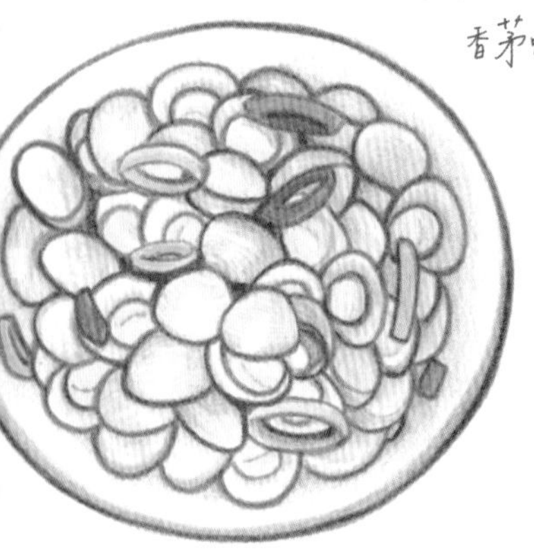

一邊享用河粉早餐，
一邊欣賞波光粼粼
的水面

在遊船的甲板
休憩區欣賞美景

船上的廚藝教室，跟著大廚一起
製作道地的越式春捲

結束獨木舟行程後，我們再搭乘小船前往英雄島（Ti Top Island）。上岸後先挑戰攀登山峰，不僅在爬山過程中將美景盡收眼底，爬到最高點更是能直接俯瞰下龍灣360度全景；被這般壯闊的景觀與山水所環繞，讓人驚嘆不已。下山後，我們和來自各國的遊客一起在美麗的海灘戲水、做日光浴，悠閒地玩賞下龍灣難得的奇山異水。

隨著黃昏降臨，我們返回遊船的露天甲板上享用咖啡、熱茶與點心，在藤編涼椅上迎著微風輕啜午茶，沉浸在漸層色日暮的奇幻時刻，為第一天的海上行程畫下完美句點。

隔天早晨，我們被溫柔的浪濤聲與陽光喚醒，在船艙餐廳享用廚師準備的Buffet早餐，熱騰騰的現煮河粉伴著窗外波光粼粼的碧綠水色，愜意舒適的氛圍盈滿在空氣中。

第二天的行程是參觀下龍灣知名的驚訝洞（Surprising Cave），其名來自1901年發現此洞穴的法國人，這個奇幻美麗的洞穴占地超過1萬平方公尺，經過長年累積的鐘乳石、石柱和石筍，造就出洞內

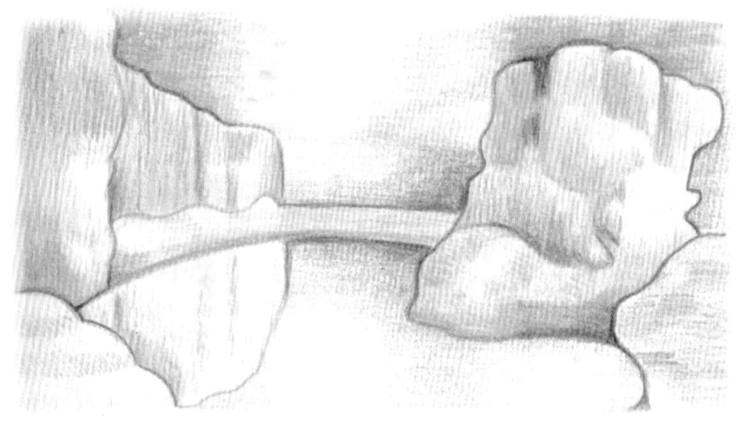

美麗的鐘乳石洞穴驚訝洞，
奇岩與倒影相映充滿奇幻氛圍

鬼斧神工的景象，加上七彩燈光的襯托，充滿魔幻的氛圍。

最後一個行程是越式春捲料理體驗。船上的大廚親自示範如何製作美味又道地的越南春捲，我們也依樣畫葫蘆地在春捲內包入豬肉、木耳和蔬菜等餡料；接著，大廚再熟練地將我們製作的春捲丟入油鍋，現炸端上桌。雖然我們製作的春捲形狀不甚完美（有些形狀甚至有點慘烈……），不過吃起來特別有成就感，難得可以在郵輪上磨練廚藝，大家都玩得十分盡興。

在回程途中，我們從船上欣賞到知名奇岩——鬥雞石、小狗石與香爐山。矗立在海中的鬥雞石是下龍灣最著名的地標之一，形狀神似一對公雞舞動雙翅準備展開打鬥，也有許多遊客笑稱雙石如同一對親吻的戀人側臉。

在這趟旅程，我們欣賞了姿態各異的岩石與群峰，陶醉在下龍灣迷人的景色中。非常推薦大家如果來到河內，必定要乘搭觀光遊船，一睹世界自然遺產令人讚嘆的壯麗風光。

各式跳島體驗，每座小島都各有特色，讓人留下鮮明的記憶

驚訝洞是巨大的鐘乳石洞穴，
被視為下龍灣必訪景點之一

下龍灣最著名的地標鬥雞石

INFORMATION

鳳凰號遊船兩日遊

🕒 適宜季節：於11月到隔年4月乾季前往最佳

★ 可在KKday或Klook等網路平台預定行程

地址

官網

英雄島登頂後能一覽
下龍灣壯闊景色

接近黃昏的魔幻時刻，
天空絢爛的色彩倒映在水面上

旖旎風光

在季風國家體驗沙漠風情
美奈漁村之旅

白沙丘壯闊的景色，靜謐的蓮花湖坐落在一旁

美奈是南越知名的渡假勝地，許多當地人會選擇在周末時自駕或搭乘巴士到美奈來場充滿異國風情的小旅行。我們也在越南友人的推薦下，搭乘約4～5個小時車程的臥鋪巴士前往美奈，體驗這裡特有的沙漠風情。

對美奈的第一印象便是椰子樹密布的海岸線、綿延鬆軟的沙灘和乾淨湛藍的天空，觀光大街上異國餐廳、咖啡廳與海鮮大排檔林立，讓人的身心靈頓時切換成輕鬆放空的度假模式。

大部分的遊客會選擇搭乘吉普車遊覽美奈（可在旅遊平台訂購或和飯店購買此行程），依出團時間分成「日出團」或「日落團」兩種選擇，不同的時間可以欣賞到完全不同的美奈景致。兩種行程都體驗過後，我更喜歡凌晨出發的「日出團」，除了氣溫比較涼爽外，美奈凌晨的迷濛天色搭配壯闊荒漠、讓這趟沙漠體驗美得更加魔幻。

「日出團」吉普車之旅在4:30準時啟程，載著我們在黑暗夜色中奔往此趟旅程的開端——白沙丘。隨著路程推進，天空也開始漸漸透出一絲燦爛的金橙色，映照在美奈波光粼粼的海面上。抵達白沙丘後，我們選擇了沙灘車體驗行程，由駕車技術純熟的騎士載著我們在鬆軟沙漠中飛馳。當騎士如特技表演般甩尾時，我整個人臉色發白……原來在凌晨的荒漠中飛車奔馳，是這麼驚險刺激！

最後，沙灘車載著我們一路衝上白沙丘的頂端，這時太陽剛好緩緩升起，金色的陽光漸漸灑滿整個沙丘與附近的湖泊，如詩如畫的景色讓我們驚訝得睜大了雙眼，沉醉在這宛如電影場景的壯闊氛圍中。

觀賞完日出後衝下沙丘的過程依舊十分驚心動魄，每位騎士都有如在拍攝動作片一般，載著遊客瘋狂穿梭在高低起伏的沙丘之間，讓人覺得自己好像不小心化身沙漠冒險大片的主角，在異國的荒漠中上演飛車追逐的戲碼。

在清晨搭乘吉普車暢遊美奈
是很愜意的旅遊方式

結束白沙丘之旅後，吉普車載著我們來到紅沙丘，這裡的沙土顏色接近深橙紅色，沙丘經過風的吹拂產生特殊的紋路，無論是受到晨曦或是黃昏的夕照，都呈現出神祕而美麗的景象。

紅沙丘最主要的體驗活動是滑沙坡。許多小販過來詢問我們是否想要和他們租滑板，雖然我們沒有實際嘗試，不過看到很多越南家庭帶著小朋友一起體驗，全家都玩得很開心。推薦喜歡動態活動的朋友，也可以試試看在壯闊的紅沙丘中享受滑沙樂趣。

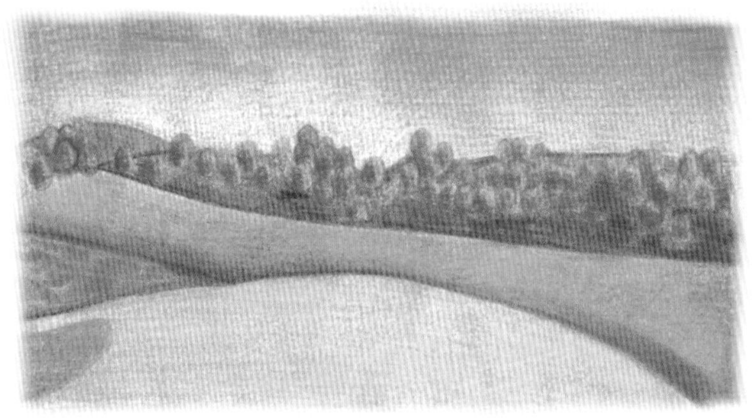

綿延的紅沙丘在夕照或清晨時分
皆散發著特有的魅力

很多小朋友在紅沙丘這裡
開心地享受滑沙的樂趣

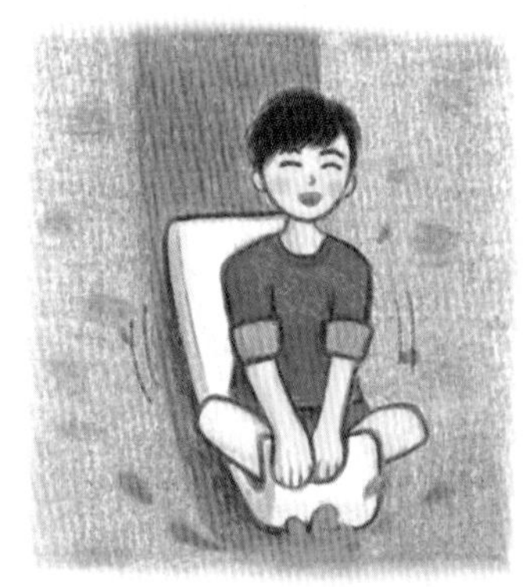

離開紅沙丘後，我們來到「小漁村」，這是美奈另一個別具魅力景點。除了現代化的觀光飯店與渡假村，還能在這裡看到傳統的漁村、碗公形狀的繽紛小漁船，與漁夫賣力搖槳捕魚的景象。

我們第一次造訪的是比較多觀光客的小漁村（Muine Fishing Village），遊客只能在遠遠的岸邊與漁船合影；第二次吉普車司機大哥帶我們造訪的是「傳統小漁村」（Google地圖上標示為Local Fishing Village），這裡可以更近距離看到小漁船，甚至還可以直接和小販購賣現撈的新鮮海鮮，請他們現場烹調享用！我們當場選了3隻龍蝦請小販烹調，也只要台幣200元左右，相當划算。

隨處可見的碗形
小漁船，每艘都
掛著繽紛旗幟

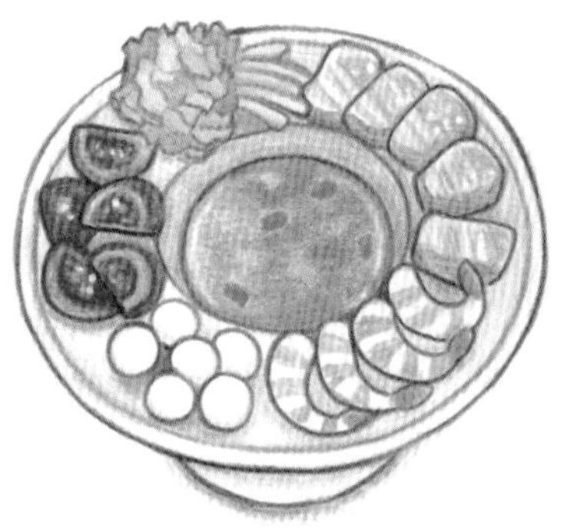

等湯滾後把周邊的火鍋料
推進中間的湯鍋，
是很道地的吃法

最後一個景點，是景致非常特別的仙女溪。遊客可以脫掉鞋子，踩著細軟的沙子，順流漫步在小溪之中，享受涓涓細流拂過腳踝的感受。走進溪流10分鐘後，溪流兩旁漸漸呈現特殊的地質景觀，左邊是豔紅的沙丘與喀斯特地形，右邊則是翠綠的灌木林；走在貫穿中央的小溪之中，感受沁涼溪水與自然景觀溫柔地環抱，是一趟非常紓壓的旅程。

結束行程後，推薦大家可以到海灘邊踏踏浪、收集貝殼還有按摩。沙灘上的按摩小販價位通常是45分鐘收費VND150,000，約台幣200元，超級佛心價！也可以到海鮮街享用新鮮又平價的海鮮大餐。

經過這趟美奈之旅後，終於了解為什麼這裡會被許多人列為心目中最想造訪的越南景點之一。雖然不像富國島或峴港擁有最豪華的飯店或主題樂園，但它的純樸氛圍和令人驚嘆的天然景觀會久久留在我的心中。我想，我應該很快又會找個周末來探訪吧！

擁有喀斯特地質
景觀的仙女溪，
是美奈獨特的景點

在海邊能撿拾到
可愛的粉紅色貝殼

美奈最著名的景點白沙丘

可品嚐到現撈海產的小漁村，
村內隨處可見碗形的
繽紛小漁船

結束吉普車行程後，可以在街上漫步、
品嚐小吃，或是在渡假村悠閒
享受海邊的美好氛圍

INFORMATION

美奈 Mũi Né

- 從胡志明市搭乘巴士前往。可於Futa Bus網站上預訂車票，當天至現場取票
- ★ 可在旅遊網站KKday預訂一日遊行程，從胡志明市出發前往美奈

地址

官網

附錄／推薦旅遊季節

越南平均氣溫為21～27度，屬於高溫潮溼的熱帶季風氣候。由於國土狹長，南北越的氣候差異很大，適合旅遊的季節也不大一樣。因此以下分為南越、中越、北越，分別介紹最適合造訪的月份。

南越 12月～1月

南越全年高溫，年均溫為 26 度，全年只有乾季和雨季兩種。乾季為 12 月～ 4 月，旅遊起來十分舒適，其中 12 月～ 1 月更是最涼爽乾燥的月份，很適合帶家裡的長輩或小朋友一起來旅行。

雨季則是 5 月～ 11 月，其中 6 月～ 8 月的降雨量最大。雖然被稱為雨季，但通常不會整天都下雨，只會有短暫的午後雷陣雨，如果在此季節來訪，推薦下午安排造訪咖啡廳、美術館等室內活動。另外，每年 4 月～ 5 月是南越最乾熱的季節，一定要記得做好防曬喔！

中越 2月～5月

中越分為沿岸地區和高原地區，這兩個區域的氣候也不盡相同。通常觀光客最常造訪的沿岸城市──會安、芽莊、峴港、順化等，這些城市的雨季為 9 月～ 2 月，所以較推薦在乾季 2 月～ 5 月造訪，可以享受到充滿陽光的度假氛圍。如果沒有特別安排海邊的水上活動，則推薦也可以在遊客較少的淡季（11 月～ 12 月份）造訪，這時候的飯店價錢相較其他月份會便宜許多。

至於 6 月～ 8 月由於是中越最炎熱的季節。推薦大家在這段時間可以前往中部高原地區避暑，如書中介紹的山城大叻，涼爽舒適的天氣絕對會讓人忘卻都市的酷熱！

北越 10月～12月

北越的天氣和台灣最為相似，可以明顯感受到春、夏、秋、冬之分。1 月～ 2 月是最寒冷的冬季，高山地區如沙巴甚至可能會降雪。3 月～ 4 月天氣溫暖舒適，5 月～ 8 月則是最溼熱的季節，最高氣溫可能達到 40 度以上。9 月之後溫度漸漸下降，10 月～ 12 月則是最溫和乾燥的月份，所以最推薦大家在此季節造訪北越。

如果計劃在單趟旅程中一次造訪北、中、南越，則推薦大家在 12 月～ 2 月造訪，雖然此時北越會較為寒冷，但南越和北越氣候較為乾燥舒適，也較不易因突來的陣雨打亂行程喔。

附錄之 越南主要國定假日

越南的國定假日不多，扣掉與台灣相同的農曆春節，全年僅有5天。因此通常在越南國定假期的連假期間，會有非常高的機率發生大塞車的情況，若想避開人潮和車潮，記得安排行程時要避開這些太過熱門的時期。

日期	節慶	注意事項
1月1日	元旦	車潮會集中在河內以及胡志明市中心。越南主要的跨年活動是在地標施放煙火，通常大家會找個視野佳的公園或高空酒吧欣賞煙火。活動結束後市區交通可能會較為紊亂，如果不喜歡人擠人，推薦選擇人潮較少的中越芽莊、峴港、會安等城市跨年。
農曆除夕至正月初五	**農曆春節** 越南人稱春節為 Tết，是他們最重視的節日之一，幾乎所有人都會返鄉團圓	這段期間非常多越南店家和景點會停止營業，如同台灣除夕～初二的景象，如果選擇這段時間來旅遊，可能許多想去的點都不會開放。
農曆3月10日	**越南雄王紀念日** 雄王節是越南人視為祖先的雄王逝世紀念日，代表著孝順與感念先人們的辛勞開墾與付出	這個節日經常會和台灣4月初的清明連假重疊，旅遊景點普遍人潮和車潮都會較為壅塞。
4月30日	**越南國家統一日** 此節日是紀念1975年4月30日北越和越共部隊占領胡志明市，象徵著越南戰爭的結束	位於胡志明市的統一宮有時候會有門票半價活動。
5月1日	**國際勞動節** 又稱五一國際勞動節、勞動節、國際示威遊行日，是世界上大多數國家的勞動節	和越南國家統一日形成連假，如果剛好連到周末，市區可能也會有塞車情形。
9月2日	**越南國慶日** 越南國慶日是指八月革命後的1945年9月2日，越共主席胡志明於河內巴亭廣場宣布成立越南民主共和國的日子	國慶日最熱鬧的活動，就是首都河內巴庭廣場舉行的閱兵典禮。參與的軍種除陸海空三軍外，更涵蓋邊防軍、青年軍和婦女軍等人民兵，每年都有許多市民和觀光客一起參與盛事。

附錄3 胡志明市旅遊路線推薦

在這裡推薦知名建築周邊的3條散步路線。書中介紹過的景點都附上對應的頁碼。對於不知道怎麼排行程的人，可以直接用手機掃描QR CODE，就可以跟著Rose一起逛遍胡志明市！

紅教堂周邊

時間序	地點
13:00	書街 (P.114) 購買特色明信片，享受書香氣息。
13:30	紅教堂 (P.82) 漫步參觀著名的百年大教堂。
14:00	郵政局 (P.94) 寄張明信片當作自己的伴手禮。
15:00	Vincom Center (P.120) 瀏覽國際品牌專櫃，再到 WinMart 超市採購。
16:00	L'Usine Lê Thánh Tôn (P.52) 不僅能品嚐下午茶，也是超有質感的選物品牌。
17:00	同起街 (P.102) 到購物大街的手工藝品店挑選紀念品。
19:15	西貢歌劇院 (P.102) 可提前 45 分鐘入場參觀歌劇院。 欣賞有越南版的太陽馬戲團之稱的 AO Show。
21:00	Secret Garden Restaurant (P.10) 到公寓頂樓享用道地晚餐。

市立美術館周邊

時間序	地點
13:00	Maison Marou（P.58） 邊欣賞甜點師精湛手藝，邊享用甜點。
14:00	胡志明市立美術館（P.88） 不只展品，連建築內部也充滿故事。
15:30	OKKIO 咖啡廳 點一杯椰子咖啡或河內特色蛋咖啡悠閒歇腳。
16:00	濱城市場（P.108） 果乾、咖啡、藤編包都能在此盡情選購。
17:30	胖媽廚房 Bếp Mẹ ỉn（P.22） 和三五好友一起享用經典越南料理。
19:00	高島屋百貨 Takashimaya 到 2015 年才進駐越南的日系百貨大採購。

粉紅教堂周邊

時間序	地點
12:00	Phở Hòa Pasteur（P.68） 來越南就一定要品嚐最道地的牛肉河粉。
13:00	新定市場（Chợ Tân Định） 走進傳統市場，和攤商小販話家常。
14:00	粉紅教堂（P.85） 在亮麗粉紅色的外牆拍攝美照。
14:30	Cộng Cà Phê（P.42） 穿著奧黛，點杯椰子冰沙咖啡享受復古氛圍。
15:00	二徵夫人街（Hai Bà Trưng） 先逛逛童裝、美妝品、藥品齊備的商店街， 再到 Le Van Tam 公園散步。
16:00	七虎越式法國麵包 Bánh Mì Bảy Hổ 到 Netflix《世界小吃：越南篇》介紹的老字號 越式法國麵包店享用點心。
18:00	NOIR. Dining in the Dark Saigon 在無光餐廳享用晚餐。

周邊地圖 ➡

附錄 4　實用越南文旅遊會話表

普遍來說，在越南能用英文溝通的地方比較有限。因此如果能夠知道簡單的越南用語，在旅行時相當實用。下面就列出一些常用的越南文，並附上發音，若真的說不出口，直接用手指給對方看也是沒問題的喔！

打招呼與簡單溝通

中文	越南文	發音（音近）
您好！	Xin chào!	新角！
謝謝。	Cảm ơn.	感恩。
對不起。	Xin lỗi.	新樓伊。
再見！	Tạm biệt!	膽比！
下次見！	Hẹn gặp lại!	很ㄍㄚˇ來！
借過。	Cho qua.	揪挖。
有。	Có.	ㄍㄛˊ。
沒有。	Không có.	空ㄍㄛˊ。
對的！	Đúng rồi.	懂ㄖㄡˇㄧ！
不對。	Không phải.	空ㄈㄞˇ。
我（聽）不懂。	Tôi không hiểu.	兜一空虎。
我很喜歡越南。	Tôi rất thích Việt Nam.	兜一ㄖㄜˊ提 Vietnam。
好熱喔！	Nóng quá!	濃娃！
好冷喔！	Lạnh quá!	朗娃！
在哪裡？	Ở đâu?	噁刀？
請問，洗手間在哪邊？	Xin hỏi, nhà vệ sinh ở đâu?	新吼一，哪翡辛噁刀？

美食與點餐相關

中文	越南文	發音（音近）
我很喜歡越南料理。	Tôi rất thích món ăn Việt Nam.	兜一ㄖㄛˊ提萌ㄤ Vietnam。
請給我一杯咖啡。	Cho tôi một ly cà phê.	揪兜一抹離ㄍㄚˇ啡。
這個。	Cái này.	改乃。
好好吃！	Ngon quá ！	公娃！
在哪吃早餐？	Ăn sáng ở đâu?	安ㄙㄤˊ噁刀？
結帳。	Tính tiền.	等頂。
我吃素。	Tôi ăn chay.	兜一ㄤ摘。
不加辣。	Không cay.	空該。
不加辣椒。	Không ớt.	空鵝。
這裡哪道菜好吃？	Ở đây món nào ngon?	噁呆萌腦供？
我想要吃河粉。	Tôi muốn ăn phở.	兜一蒙ㄤㄈㄛˊ。
一點點。	Một chút.	抹竹。

購物與交通相關

中文	越南文	發音（音近）
這個多少錢呢？	Cái này bao nhiêu tiền?	改乃包妞點？
這個（是）…越南盾。	Cái này （là）... đồng.	改乃（啦）…董。
太貴了！	Mắc quá!	麻娃！
可以算便宜一點嗎？	Tính rẻ một chút được không?	頂蕊抹竹德空？
不行啦！	Không được đâu!	空的刀！
這個很漂亮。	Cái này rất đẹp.	改乃ㄖㄛˊㄉㄟˇ。
直走。	Đi thẳng.	低糖。
左轉。	Rẽ trái.	蕊宅。
右轉。	Rẽ phải.	蕊ㄈㄞˇ。
在這裡。	Ở đây.	噁呆。
等一下。	Chờ một chút.	者抹竹。

著者簡介

Rose 邱湘涵

自由插畫家，擅長溫暖、療癒的風格。熱愛用畫筆記錄繽紛的美食、建築和生活中的美好事物，目前旅居在越南胡志明市。

2016 年創立「帶你去吃♥療癒美食」粉絲專頁後，開始以手繪風插畫介紹各式美食與旅遊故事，並在 Yotta 和 Hahow 開設線上畫畫課，和學員一起用色鉛筆與 iPad 畫出可愛美味的食物，目前有超過一千名學員參與課程。

IG @eat.travel.draw_rose
FB 帶你去吃♥療癒美食 - 手繪食旅日誌

IG

FB

越南旅繪手帖

深入走訪 5 大城市，體驗美食 × 建築 × 生活

2023 年 2 月 1 日初版第一刷發行

著　　者　Rose 邱湘涵
副 主 編　劉皓如
美術設計　黃瀞瑢
發 行 人　若森稔雄
發 行 所　台灣東販股份有限公司
　　　　　＜地址＞台北市南京東路 4 段 130 號 2F-1
　　　　　＜電話＞（02）2577-8878
　　　　　＜傳真＞（02）2577-8896
　　　　　＜網址＞ http://www.tohan.com.tw
郵撥帳號　1405049-4
法律顧問　蕭雄淋律師
總 經 銷　聯合發行股份有限公司
　　　　　＜電話＞（02）2917-8022

© 2023 Rose 邱湘涵 / TAIWAN TOHAN CO.,LTD.

著作權所有，禁止翻印轉載。
購買本書者，如遇缺頁或裝訂錯誤，
請寄回更換（海外地區除外）。
Printed in Taiwan

國家圖書館出版品預行編目（CIP）資料

越南旅繪手帖 : 深入走訪 5 大城市 , 體驗美食 x 建築 x 生活 /Rose 邱湘涵著 . -- 初版 . -- 臺北市 : 臺灣東販股份有限公司 , 2023.02
160 面 ; 14.8×21 公分
ISBN 978-626-329-652-7（平裝）

1.CST: 旅遊 2.CST: 插畫 3.CST: 越南

738.39　　111019739

Vietnam
Vietnam

東販出版 NOT FOR SALE 越南旅繪手帖

東販出版 NOT FOR SALE 越南旅繪手帖